地名崩壊

今尾恵介

角川新書

まえがき

　ＪＲ山手線では約半世紀ぶりの新駅がほどなく開業となる（区間としては東海道本線に所属）。駅名選定にあたっては一般から広く候補を求めた。結果は「高輪《たかなわ》駅」が抜きん出て多数であったが、ＪＲ東日本が決めたのは「高輪ゲートウェイ」である。

　この結果を知って私は「またか」と思った。近年の駅名の傾向からして、ひらがな、カタカナなどが付着する可能性をある程度は予想していたが、まさか江戸の町中であったこの場所にまでそれを持ち込むとは。いつまで地名を商売の道具にするのだろうか。もちろん民間企業となったＪＲ東日本が、自前で建設する施設の名前をどうしようと、他人が容《よう》喙《かい》するところではないかもしれないが。

　駅名だけでなく、地名を商売の道具にする傾向は昨今に始まったことではなく、開発業者が自ら投資した住宅地に「商標」として地名を新造することはだいぶ前から行われてきた。それだけでなく、住民の側も自らの住む町のイメージを高め、さらには資産価値を上げるため、積極的に「新しくて好印象の地名」の誕生に関わってきた傾向もある。新興住宅地だけではなく、老舗の地名である東京の「銀座《ぎんざ》」なども時代を追うごとに拡張を重ね、今や明治期に比べて約11・8倍の面積を持つに至っている。厳しい言い方をすれば、銀座のほぼ九割が偽物ということだ。

それら人気の地名、新しい地名の地面の下には当然ながら「消された地名」が多数眠っている。明治以降に消えた地名がどれくらいの数にのぼるのか。小字などを含めれば少なくとも百万の単位にのぼりそうだが、まさに想像を絶するほどに違いない。私もずっと以前、地元の東京都日野《ひの》市で大字下田《おおあざしもだ》という地名が町名地番整理によって消滅しそうなことを知り、まさに蟷螂《とうろう》の斧のような保存運動を行った。しかし市議会では多数与党があっさりと消滅案に賛成し、数百年の歴史をもつ下田は平成一六（二〇〇四）年八月に葬られた。

平成二三（二〇一一）年三月には東日本大震災が各地に大きな爪痕を残したが、そこで地盤と地名の関係がにわかに注目を集めたのは自然な流れであろう。沢があるから〇〇沢、窪地《くぼち》があるから〇〇窪（久保）、沼があったので〇〇沼といった話はわかりやすいし、誰もが興味を持ってくれる。そこで一部メディアや物書きは、災害に関連した地名を探して

「先祖からの警告だ！」と実例を挙げ、センセーショナルに不安をかきたてた。

思えば関東大震災の時に根拠のないデマがあっという間に広がり、一般人が凶行に及んだ歴史的事実を挙げるまでもなく、強い不安は不確かな情報（ガセネタ）の伝播速度を最大化する。地名の成り立ちや表記の法則、土地の歴史を考慮しない無責任な言説は独り歩きした。この傾向は今も鎮まることなく、既存の地名に「不吉な文字」が入っていないかといった疑心暗鬼はまだ残っている。

平成の大合併でも地名のイメージは重視されたが、一方で対等合併の場合は「民主主義」が過分に意識された側面もあり、結果として「足して二で割るような新市名」の命名も目立った。詳しくは本文を参照していただきたいが、ひらがな自治体の激増も、政令指定都市の行政区名が東区・西区・南区・北区ばかりになったのもその結果であろう。

かつての日本には町の名前から田舎の小字まで、無数の地名が今よりはるかに高密度でびっしりと地を覆っていた。人がまったく住まない土地でさえ、そこの特徴をつかんで地名をつけ、思えば今よりずっと土地に密着して暮らしていた。

聞くところによれば、今や「持ち主不明の土地」が九州の面積に匹敵するほどになったという。それだけ現在では土地から離れて暮らす人が増えたということだろうが、地方で集落が衰滅し、放置された耕地が広がっていくような時代に、たとえば尖閣諸島《せんかくしょとう》や竹島《たけしま》に異様な関心を抱くのはかなりアンバランスに思える。人が住んでいる町にしても、足下には地名を奪われて「何丁目何番」という広域地名＋ナンバリングに置き換えられた土地が広がっているというのに。

私は地名の専門家ではないから、幅広い国語学、歴史学、地理学、民俗学などの素養が必要な「地名の起源」についての話はほとんどできない。しかし近現代の地名の「ひどい扱われ方」にはずっと興味を持ち続け、これまで地名に関連する本を何冊も書いてきた。地名は祖先から伝わる無形文化財という側面を持っているのと同時に「生き物」でもあるから、教条的に「地名は絶対不変たるべし」とまでは断言しないが、今よりもう少し歴史的地名に敬意をもって接することが必要ではないだろうか。グローバル化が進んでいると言われて久しい現代であるが、浮き足立つことなく身の丈サイズで地道に暮らしたいのであれば、ヒントはその足下の地名に隠されているかもしれない。

二〇一九年十月

今尾《いまお》　恵介《けいすけ》

目次

第2章　駅名と地名の関係　67

第4章　土地の安全性が地名でわかるのか

第5章　地名を崩壊させないために

第1章　地名の成り立ちと由来

地名はいつから存在したのだろうか。人類が言葉を話し始めたのは5万年ほど前というから、おそらくその頃にはすでに地名が出現していたのではないか。言語を獲得した私たちの祖先が、他者に「あの場所」を簡潔に説明するために使った名詞、これが地名である。簡潔にその場所を表わすためには、その土地の特徴を端的に表現することが求められた。本章では地名の成り立ちについて、最も始原的なタイプである「自然地名」の例を挙げながら、その成り立ちについて考えてみよう。

地名とは何か。素直に解釈すれば、そのまま「土地の名前」である。すぐ手元にあった『岩波国語辞典』を試しに引いてみたら「土地の呼び名」の6文字だけ。気を取り直して個々の地名を思い浮かべてみれば、アジアなどの巨大なものから東京では最も小さいと思われる3000平米ほどの神田東紺屋町《かんだひがしこんやちょう》までエリアの大小はさまざまであり、また新旧でも古代から続く由緒あるものから、昨日できたばかりのニュータウンの地名までさまざまだ。

最近になってこのことをまさに実感したのが、買ったばかりの福岡県の道路地図帳である。先日ある取材のためにこれを眺めていたら、宗像《むなかた》市の鹿児島本線赤間《あかま》駅のほど近くに須恵《すえ》という地名を見つけた。この地名は各地に多く、知っている人にはすぐピンと来る。文字通り須恵器（古墳時代から平安時代にかけての陶質土器）を作っていたところで、これを焼いた古墳《こふん》時代の窯跡群が見つかっているというから、まず本物に違いないだろう。もうひとつが土穴《つちあな》という地名で、こちらも土の関係だろうが、どんな由来があるのだろうか。いずれにせよ鎌倉《かまくら》時代以前から文献に見えるというから、こちらも古くからの地名である。

ところが、歴史ある両地名に挟まれた部分に「くりえいと」という町名を見つけて驚いた。まん中には「くりえいと宗像」というショッピングセンターをはじめ、新しそうな店が建ち並んでいる。おそらく英語の create が由来なのだろうが、どうやら今世紀に入って開発されたものらしい。弥生時代に存在したかもしれない地名と、つい最近になって流行している外国語の平仮名表記で命名された地名が平気で同居しているのは、思えば奇観かもしれない。弥生人とキラキラネームの現代っ子が隣どうしで暮らしているようなものだから。

そういえば茨城県には「平成の大合併」が最盛期を迎えていた平成18（２００６）年に誕生した「つくばみらい市」という自治体がある。出現当初はそのきわめて大胆な命名に話題沸騰したものである。しかし地図をよく見れば、仁左衛門新田《にざえもんしんでん》という以前からの大字があって、これをフルネームで書けば「つくばみらい市仁左衛門新田」となる。仁左衛門新田は江戸初期に開拓された典型的な人名を冠した新田地名であるが、それがまさに「未来志向」の新市名と同居しているのだから、違和感を通り越して現代芸術のような趣さえも漂っているではないか。

最初から新旧地名の対比まで話が進んでしまったが、それだけ現代日本の地名は何もかも一緒くただからである。それでは話を元に戻そう。そもそも人間が土地に名前を付けるのはなぜだろう。また今昔でこれだけ味わいの異なる地名を同じ日本人が命名したとすれば、地名に寄せる何が変わったのだろうか。そんなことを本書では考えていきたいと思う。

二人以上の人の間に共同に使用せらるる符号――柳田國男

●地名の発生

さて、原初の日本人、いやまだ日本などという国名はおろか、同じ言葉を話す人の住むエリアの広がりも明確に認識されていなかった時代に遡《さかのぼ》るに違いないが、地名がどのように誕生したのか素人考えながら想像してみよう。

少なくとも一人で暮らしている分には地名は必要ない。なぜなら本人がすべて把握しているからだ。あそこにそろそろタケノコが生えているだろうから採りに行こうか。あそこは雨が降るといつもぬかるむから今日は避けて通ろうかな。あの谷は日当たりがイマイチだけど、夏は風が通るから涼しくて快適。あそこは大きな岩があって、遠くを見ながら弁当でも広げるのも一興であるなあ、とか。以上すべからく「あそこ」で済んでしまう。

しかし人間は社会的動物であり、誰かと一緒に暮らすようにできている。もちろん好んで隠棲《いんせい》している仙人もいるけれど、それは例外だ。仙人はしばしば教養人だから、独り暮らしなのに勝手に気に入った地名を付けてはにやにやしているかもしれない。仙人はともかく、自分は何かの仕事で忙しいのでカミさんに「あそこ」へ行ってタケノコを採ってきてくれ、と頼む。これには地名が必要なのである。仁左衛門爺《じい》さんの家まで息子にそのタケノコを届けさせる場面でも地名が必要だ。

地名の発生をこんな風に想像するのは誰でもできるけれど、真面目に考えるとそう簡単ではない。きちんと歴史や民俗学、それに国語学などを勉強した人でないと軽々に法螺《ほら》話を吹くわけにはいかないので、きわめて広範囲の学識をお持ちであった柳田國男《やなぎたくにお》さんに登場してもらおう。『地名の研究』という本では地名を次のように定義しつつ、その発生の背景に言及している。

地名とはそもそも何であるかというと、要するに二人以上の人の間に共同に使用せらるる符号である。これが自分の女房・子供であるならば、われわれは他人をして別の名称をもって呼ばざらしめざる権利をもっているが、その他の物名になると、どうしても相手かたの約諾を要する。早い話がわが家の犬ころでも、せっかくハンニバルとか、タメルランとかいうりっぱな名をつけておいても、お客はことわりもなくその外形相応に、アカとかブチとか呼んでしまう。ゆえに一部落・一団体が一の地名を使用するまでには、たびたびそこを人が往来するということを前提とするほかに、その地名は俗物がなるほどと合点するだけ十分に自然のものでなければならぬのである。地名にほぼ一定の規則のあるべきゆえんであって、かねてまたその解説に趣味と利益とのあるべきゆえんである。

長く引用してしまった。奥さんの和子《かずこ》さん（柳田さんのではなく、一般論として）を来客が勝手に「洋子《ようこ》さん」と呼ぶのはあり得ないが、愛犬の場合はせっかくハンニバルなどと気負い過ぎた名を付けても、来客が勝手にアカとかブチと呼んでしまうようなことはある。同様に地名も「俗物」がなるほどと合点するだけ十分に自然のものでなければならぬ、というのは本当のところであろう。

それでも地名の中には新しく城主となった殿様が縁起をかついで新しく地名を付けたり、また気にくわないと、たとえば今橋《いまはし》の地名が「忌はし」に通じるとして吉田《よしだ》（現豊橋《とよはし》）に変更するなどが実際に行われてきたのも確かだが、庶民レベルでは自ら名づけた地名を他人に強制する権力もないし、付けたとしても自然に受け入れられなかった地名は泡沫《うたかた》のように消え去ってしまったに違いない。

最初の福岡県宗像市の例に戻ると、須恵という地名が付けられたからには、おそらく須恵器を焼くための窯が作られ、生産物がそこから各地へ伝えられたはずだ。そんな特別な場所であるからこそ、須恵器を焼く須恵の地名は「俗物」の評価を得て生き残ったのだろう。隣の土穴の地名にしても、ひょっとして須恵器のための土を取る穴であった可能性は否定できない。

●区別するための符号

　地名が「二人以上の人の間で共同に使用される符号」であるからには、その土地を他のどこかと区別する機能を持つ必要がある。あたり一帯のどこにでもあるモノを名乗ったのでは区別できない。たとえばどこまでも平らな土地が続くエリアで「平」と付けても特徴を語ったことにはならず、よく見ればわずかな窪地《くぼち》になっているのを細長い窪地——長久《ながく》保《ぼ》、大きな窪地は大久保《おおくぼ》（大窪）、カヤの木が生えていれば栢久保《かやくぼ》、多摩《たま》方言ならシドメ（クサボケ）の咲いている窪地はシドメ窪（武蔵村山《むさしむらやま》市）、という具合に特徴を語る。そんなわけで「平らな台地にはクボの地名が多い」という、一見意外に思える地名分布が実現するのだ。ただしその台地全体を表現するためであれば、周囲の地形との対比で平らであるのが特徴だから、「平」の字が用いられることは不思議ではない。地名をどの範囲に限定するかによって命名の視点が異なるのは当然だ。

　また、鬱蒼《うっそう》たる松林の中では「松の木」のような地名は特徴にならないので、一本松《いっぽんまつ》といった地名は見渡す限りの原っぱに命名されることが多い。『角川日本地名大辞典』（以下『角川』）によれば静岡県沼津《ぬまづ》市の一本松（旧一本松新田）は「当地に目印になるような松があったことによるという」、兵庫県姫路《ひめじ》市の一本松は「地内に一本の老古松があり、村の象徴であったことから」としているし、和歌山県田辺《たなべ》市の一本松では「村名は昔松の大樹ありし故に起れるならん」と『紀伊続風土記』を引用という風に、やはり原っぱなどの広い空間にあって目立つ松の木が起源の主流であるようだ。

ただし、石川県金沢《かなざわ》市の一本松は「小立野《こだつの》側のみに家屋があったため一方町と呼んでいたものが、誤って一本松となったのではないかという」と『金沢古蹟志』の説を引いており、このような例外もあることは地名の起源を考える際に常に頭に入れておかねばならない。

土地の特徴を反映した自然発生的な地名

人の暮らしがまだ原始的な状態であったり、国家や地方行政による系統的な土地政策などが行われていない最初期の地名といえば、やはりそれぞれの土地の特徴を表現したものが主流を占めたであろうことは想像に難くない。実際に古くから伝わる多くの地名には地形や地質、土地条件などを表わしたものが目立つ。

●大曲――大きく曲がる

秋田県に大曲《おおまがり》という町がある。平成の大合併で自治体名こそ大曲市から大仙《だいせん》市と変わったが、今でも「大曲の花火」は全国的に有名だ。その花火を例年打ち上げる会場となるのが雄物川《おものがわ》の河川敷で、この川がかつては大きく蛇行、つまり「大曲がり」していた。昔といっても江戸以前のような話ではなく、戦前の地形図を見ると大きく曲がっていて一目瞭然《りょうぜん》である。なぜか「大麻を刈る畑作地帯＝大麻刈り」とする説もあるそうだが、こちらはどうも不自然だ。

全国を見渡せば大曲という地名は意外に多い。大字レベルだけ数えても20以上はあるが、『角川』で由来に言及しているものだけ挙げても「名取川《なとりがわ》がこの地を通り、大きく曲がっていたので大隈《おおまがり》といっていたのが大曲になったともいう（宮城県名取市）」「玉造川（江合川）が河口から北赤井村境までに5か所曲がっていた（同県東松島《ひがしまつしま》市）」「小貝川の湾曲部にあたり、当時の俗称によった（茨城県取手《とりで》市）」「かつて渡良瀬川の流れが屈曲していた（群馬県板倉町《いたくらまち》）」「神田川が大きく曲流していることによる（東京都新宿《しんじゅく》区・文京《ぶんきょう》区＝通称）」「田手《たで》川の曲流によるものか（佐賀県吉野《よしの》ケ《が》里町《りちょう》）」など川の曲流にちなむものが目立つ。他に道路の屈曲説もあるが、由来の記されていない大曲であっても、地形図で確かめれば平野部を流れる大きな河川の畔《ほとり》であることが多いので、大曲という地名は顕著な曲流に由来するものが多いと一般化できそうだ。

●赤坂――赤土の坂道

東京都港区《みなと》に赤坂《あかさか》という地名がある。古くから広域地名として知られており、昭和22（１９４７）年までは赤坂区という区名でもあった。東京メトロの赤坂駅、赤坂見附《みつけ》駅などがあって知名度は非常に高い。地名の由来は諸説あるが、茜草《あかねぐさ》が生えた山（現在の迎賓館のあたり）へ上る坂道とする説、それに文字通り「赤土の坂道」説があるようだ。

赤坂という地名も全国的に分布しており、『角川』からざっと挙げてみると「土色が赤く、坂の多い土地であることから（群馬県高崎《たかさき》市）」「川に沿ってなだらかな坂があり、鉄分を含んだ赤色の地質であることによる（同県中之条町《なかのじょうまち》）」「突出した赤土の起伏や曲がりのある丘陵端に形成されていたことによる（福井県越前《えちぜん》市）」「地面が赤土で坂があるため（愛知県豊川《とよかわ》市）」「赤坂は赤迫〔サコは谷の地形〕の意で、当地の土壌が赤土であることによる（広島県福山《ふくやま》市）」（以下〔〕内筆者）「赤土の色の濃い丘陵地帯であったことによる（福岡市）」と、やはり赤土説が圧倒的に優勢だ。もちろん命名した本人はとっくの昔にこの世の人ではないから、後世の誰かが地形や土地条件を見て判断・解釈したものであることには留意する必要があるけれど。

そんなわけで大曲や赤坂という地名は現代語で解釈しても間違いがなさそうに見える。ただしこれらは現代語の意味が当時も同義であったという推測が成り立った上でのことであり、数ある地名の中にはそう簡単にいかない難物もある。言葉は生き物であるから、命名当時には日常的に用いられる普通名詞であったとしても、長い年月が経てば死語となることもある。次はどうだろう。

●赤羽——赤い羽根なのか？

赤坂が赤土の坂道というのはスンナリ納得できても、赤羽《あかばね》はどうだろう。この字面からは「赤い羽根共同募金」を思い浮かべてしまう。赤は日の丸の赤のような色ではなく、赤土のような赤茶色を指すのは納得するとして、羽は当て字である。本来は埴《はに》と書かれるべきもので、埴は粘土だ。『新明解古語辞典』で「埴」を引くと「赤くて、粘る土。陶器の材料にし、また、上代には、衣にすりつけて模様をつけた」とある。

栃木県真岡《もおか》市は宇都宮《うつのみや》氏の家臣・赤埴氏が居住した説の他に「赤土の多いことに由来」

との説もあるようだ。新潟県南魚沼市《みなみうおぬま》の赤羽は「赤土の台地」にちなむとされているし、東京都北区の赤羽は『角川』によれば「関東ローム層の赤土を赤埴と呼び、これが赤羽根に転じたという説がある」との説を『岩淵町郷土誌』から引いている。赤羽根は明治5（1872）年に根の字を外して赤羽となった。東京の赤羽は武蔵野台地の北東端に位置し、顕著な崖《がけ》が発達していることから、あたり一帯が関東ローム層に覆われたエリアにあっても特に赤土の露頭が目立ったと思われる。

埴の字をなぜそのまま使わずに羽に変えたのかは、当時の感覚を知るしかないが、栃木県市貝町《いちかいまち》の赤羽がかつて赤埴と記しながら、後年にわざわざ改めたという記録からは、埴の字より羽の方が場合によっては「好字」とされた可能性も高そうだ。場合によってはというのは、奈良県宇陀市《うだ》の赤埴《あかばね》という大字が赤羽などに表記変更せずに今に至っているからだ。当地は『万葉集』（7巻1376）で「倭《やまと》の宇陀の真赤土《まはに》」と詠まれた土地で、赤埴の地名はこの赤紅色の土質にちなむという。歌には「真赤土のように顔を赤らめたなら」「真赤土の色が着物に付いたら」「真赤土でお化粧したら」などさまざまな解釈があるようだが、いずれにせよ埴の字が好ましかったのかもしれない。

●ママという地名――崖

千葉県を走る京成電鉄に市川真間《いちかわまま》という駅がある。現地の住所にも市川市真間という地名が現役であるが、現在用いられているママといえば外来語由来の「お母さん」しか見当たらない。ところが地名語源辞典の類《たぐい》でママを調べれば「崖」と出ている。市川市真間の地形を見れば、標高21メートル以上の下総《しもうさ》台地の南端が崖となり、その崖下は標高3メートル内外の沖積地となっている。その崖上と崖下が今は真間のエリアであり、この地名が地形にちなむことはほぼ間違いなさそうだ。

そういえば東北本線（宇都宮線）が栃木県に入って2つ目の駅に間々田《ままだ》（小山市《おやま》）、群馬県のわたらせ渓谷鐵道には大間々《おおまま》駅（みどり市）がある。このうち間々田は思川《おもいがわ》の沖積地（標高約16メートル）の水田地帯の東側に広がる奥州《おうしゅう》街道と東北本線の走る一段高い台地（同約26メートル）との間に顕著な崖があってぴったりだ。間々田のタ（田）は「田んぼ」ではなく「○○の所」を意味し、ここでは「崖のある所」だろう。

また大間々には本当に大きな比高25メートル前後の崖が渡良瀬川《わたらせがわ》の西側に聳《そび》えているし、さらにその西にも15メートルほどの崖が連なっている。地形的には「河岸段丘」であるが、まさに絵に描いたような崖地形だ。そういえば私が住んでいる家もかつての小字《こあざ》は儘下《ましした》であった。それほど大きな段差ではなく、宅地化のため原状はほぼ失われているが、かつて旧河道が削った1メートル前後の段差があった形跡はわずかに残っている。他にも高知市には万々《まま》、神奈川県南足柄《みなみあしがら》市には墹下《ましたま》、静岡県伊豆《いず》の国《くに》市には墹之上《ままのうえ》などのように漢字の種類は多い。

柳田國男は『地名の研究』でママの地名に言及している。同書は大正元年の東京地学協会での講演録の他、主に明治末から昭和初期にかけて雑誌等に書いたものを昭和11（1936）年に一冊にまとめたものだが、「相模の愛甲村辺でのごとき崖地をママックズレということは、現にその地に行って聞いた」としている。愛甲《あいこう》というのは郡名でもあるが、小田急の愛甲石田《いしだ》駅付近の厚木《あつぎ》市愛甲で、当時その地域ではママックズレを普通名詞として用いていたようだ。先ほどの『新明解古語辞典』を引けば「まま【崖】（名）がけ。急斜面」と載っており、用例として『万葉集』（10巻2288）の「岩ばしの—に生ひたる……」を掲げている。原文を調べるとママの部分には間々という字が当てられており、まさに地名の間々田や大間々と同じだ。当て字をした本人に聞いてみないと確かなことは言えないが、おそらくぴったりくる漢字を思いつかず、まさに万葉仮名として間々の字を用いたのではないだろうか。

日本語において本格的に漢字が入ってきたのはおおむね4〜5世紀とされている。それまでの日本列島の人々は当然ながら文字のない言語生活をしていた。漢字は表意文字であるが、大陸の文法的なものをそのまま受容できないので、平仮名のない時代には助詞などには表音文字として漢字を当てている。このため山部赤人《やまべのあかひと》の有名な歌「田子の浦ゆうち出でてみれば真白にそ不尽の高嶺《たかね》に雪は降りける」の後段を原文で記せば「不尽能高嶺尓雪波零家留」となるが、このうち高嶺や雪は表意文字として、これに対して「能《の》」や「尓《に》」、「家留《ける》」は表音文字として用いた。後者のような使われ方がいわゆる「万葉仮名」である。

これは日本の地名の最大の特徴で、いつの時点かに最初にその地名が漢字表記された際に、表意文字と表音文字のどちらか（もしくは双方）が用いられたのだろう。ところが時代の変遷とともに普通名詞が死語になり、これに対して漢語表現が増えるなど国語が少しずつ変化していくうちに漢字を当てた根拠が忘れられ、地名はしばしば「意味不明」となっていく。

●ハバという崖もある

古語辞典には載っていないが、地名用語の辞典によればハバも崖の例である。やはり見るからに当て字で、岩手県盛岡《もりおか》市や宮城県加美町《かみまち》、群馬県みなかみ町《まち》には羽場の地名があり、地形から見て崖に由来する可能性が高そうだ。ただし加美町の羽場は『角川』によれば「馬場のあった所と見られており、馬場が「はば」と訛り、羽場の字を当てたものとみられている」という言及もあって決め難いこともある。

ＪＲ飯田《いいだ》線には長野県辰野町《たつのまち》内に羽場駅があり、地形的にはやはり天竜川《てんりゅうがわ》の沖積地と台地より一段高い羽場の集落との間に小さな段丘が認められることもあり、また『角川』でも「村名の由来は、段丘崖などの崖地形を示す地形地名「はば」からと考えられる」と明記している。もうひとつの羽場駅――名鉄各務原《かかみがはら》線の走る岐阜県各務原市鵜沼羽場町《うぬまはばちょう》の地形は弧を描いた崖が駅の東側にあり、崖の上下で12メートル内外の標高差がある。東側の低地はかつて木曽川《きそがわ》の河道であったところで、その流れが削った崖を指したのであろう。名古屋《なごや》城の西側には幅下《はばした》という町名がある。これは昭和56（１９８１）年に多くの町を合併した新しいものとはいえ、戦国時代の「はゝ下郷」と呼ばれる郷名にちなむ歴史的なものだ。地形的には熱田《あつた》台地（名古屋台地）のちょうど崖下にあたるから、これも崖由来の地名に間違いない。

●『武蔵野夫人』で有名になったハケ

崖に関連したものにハケという地名もある。東京の多摩地区にお住まいの人にはお馴染《なじ》みかもしれないが、遊歩道として親しまれている「はけの道」は三鷹《みたか》市から小金井《こがねい》、国分《こくぶん》寺《じ》にかけて走る河岸段丘の崖である「国分寺崖線《がいせん》」の崖下に沿う道であるが、その地形的な特性から湧水が多く、その清冽《せいれつ》な湧水を生活用水として古くから集落が形成されてきた。地名として大字（江戸時代の村）レベルのものは少ないが、小地名（小字レベル）なら非常に多い。大岡昇平《おおおかしょうへい》が昭和25（１９５０）年に発表した『武蔵野夫人』で全国に知られるようになったようだが、その小説の冒頭は次のように描写されている。

> 土地の人はなぜそこが「はけ」と呼ばれるかを知らない。「はけ」の荻野長作《おぎのちょうさく》といえば、この辺の農家に多い荻野姓の中でも、一段と古い家とされているが、人々は単にその長作の家のある高みが「はけ」なのだと思っている。

山中襄太《やまなかじょうた》『地名語源辞典』によれば「はけ、はっけ、ばっけ」という見出し語とともに用例の漢字「峡、岨、[illegible]、涯、[illegible]、八景、八卦、羽毛、端気」が示されている。意味は

「ガケ（崖）を意味する方言。埼玉、神奈川、山梨、富山などでハケ。茨城、千葉などでバッケ。八景、白雞、などと当て字する。ハケ、ハッケ、バッケはバッカ、バッカイ、ハガ（芳賀）、ホキ、ホケ、ボケ（歩危）と同義で、ガケ（崖）、カケ（欠、缺）という語とも同源の語で、ただhの音とkの音と変っただけのものだろう。〔地名実例省略〕」としている。

この分布域に『武蔵野夫人』の多摩地区が入っていないが、埼玉・神奈川に実例があるのにその間に挟まれた多摩にないはずはない。東京都内の小字リストから抜き出してみよう。なおこのリストは『角川日本地名大辞典　東京都』の巻末記載のもので、大字は旧称および旧領域なので現存しないものもあり、小字についてはかなり多くが正式に廃止されたものが多い。

リストは自治体の五十音順に並んでいるのだが、ざっと挙げてみると、まず秋川市《あきがわ》（現あきる野）草花《くさばな》に羽ヶ田《はけた》、昭島市《あきしま》上川原《じょうがわら》にはけ下《した》・はけ上《うえ》・小《こ》はけ、同田中《たなか》に前小《まえこ》欠《はけ》、同宮沢《みやざわ》にはけ下《した》・小はけ、同拝島《はいじま》に小欠《こばけ》、青梅市《おうめ》新町《しんまち》にはけ下《した》、同師岡《もろおか》にはけ上・はけ下《した》、同河辺《かべ》に白《しら》はけ、同野上《のがみ》にはけ上・下《した》はけ、同藤橋《ふじはし》に下《しも》はけ・西《にし》はけ・中《なか》はけ、清瀬市《きよせ》清《きよ》戸下宿《どしたしゅく》にハケ、国立市《くにたち》青柳《あおやぎ》に下《しも》はけ、同本宿《ほんしゅく》にはけの下《した》、同谷保《やほ》に岨《はけ》ノ下《した》、国分寺市榎戸《えのきど》新田《しんでん》に峡通《はけどおり》、同平兵衛《へいべえ》新田《しんでん》にハケ通《どおり》・ハケ下《した》・ハケ、調布《ちょうふ》市上布田《かみふだ》にはけ上、同下石原《しもいしはら》にハケ通、同下布田《しもふだ》にハケ上、同布田小島分《ふだこじまぶん》に羽毛上通《はけうえどおり》・羽毛下《はけした》一・羽毛下二などなど、実に多数の実例があった。

旧地名としては武蔵国豊島《むさしのくにとしま》郡（おおむね現板橋《いたばし》区から荒川《あらかわ》区、台東《たいとう》区にかけて）には江戸期に峡田《はけた》領があった。ハケタは「ハケのある所」で、板橋区の荒川沿いと武蔵野《むさしの》台地の境目には20メートル以上の標高差のある立派な崖が東西に続いており、この地名はまさにその特徴を表現したものである。残念ながらこの広域地名は行政地名としては使われていないものの、荒川区内には今も峡田《はけた》小学校、第二峡田〜第五、第七、第九峡田小学校の合計7つの「峡田」つきの学校が存在する。

ハケの地名で『地名語源辞典』に挙げられた中に「八景」の表記があって、横浜《よこはま》出身の私としては金沢《かなざわ》区の「金沢八景《はっけい》」を思い起こしてしまう。京浜急行電鉄の駅名にはなっているが町名ではない。これは江戸期に「近江《おうみ》八景」などと同様に中国風に設定されたもので、小泉《こずみ》の夜雨《やう》、称名《しょうみょう》の晩鐘《ばんしょう》、乙艫《おっとも》の帰帆《きはん》、洲崎《すざき》の晴嵐《せいらん》、瀬戸《せと》の秋月《しゅうげつ》、平潟《ひらがた》の落雁《らくがん》、野島《のじま》の夕照《せきしょう》、内川《うちかわ》の暮雪《ぼせつ》の八景である。

江戸からほど近いこともあり、八景と名付けられてから当地を訪れる人は多かったという。景色の中に夕照とか夜雨、晴嵐、暮雪などの特定の気象条件や、落雁や帰帆などの動く要素、晩鐘のような音なども取り入れるところが金沢に限らず「八景」の特色だろうか。とりあえず一帯の地形に崖は各所に存在するけれど、さすがにこれは崖の地名ではなさそうだ。八景でガケ地名とされるのは熊本市の八景水谷《はけのみや》で、ハケの特色である湧水の湧く崖下（八景水谷公園）が存在し、その崖の比高も約15メートルに及ぶ。

地形に由来する地名

世界的に見ても山がちで起伏の多い日本には、当然ながら地形に由来する地名が多い。ところで「地形」とは何だろうか。手元の『岩波国語辞典』では「地表の高低・起伏のありさま、海・湖との境界線、川の形などを総括した、土地の形態」としている。最初に言及されているのは、ある一定の範囲の地面の高低といった①縦断面的な視点、起伏の様子を斜め上から眺めるような②俯瞰《ふかん》の視点、それに加えて海や湖の境界線――海岸線や湖岸線という③真上から地図を眺めた視点で把握している。最後の「川の形」というのは真上から見た平面形と縦断面を見た時の勾配《こうばい》の変遷の両面を持っている。

要するに「地形」とは土地のフィジカルな様子を多方面から見た概念であり、その立体が何でできているか、また材質（地質）が硬いか軟らかいか、それとも表面の植生がどうであるかなどは、とりあえず関係ない。とはいえ地形はナマモノであるから、関係ないと済ましていられない場面もあるが、まずは土地の起伏の様子にまつわる地名を見ていこう。

●山そのものの地名

『岩波国語辞典』によれば「山」とは「①平地より著しく高く盛り上がった地形の所」とあるが、それ以降は「②山のような形に盛り上げたもの」として「ごみの―」「一《ひと》―百円」「③物事の絶頂」という比喩《ひゆ》的表現が続く。地形としては①だけ該当ということになるのだが、実際の地形ではどうなっているだろうか。

まずは実際に「高く盛り上がった」山の名前を思い浮かべてみると、富士山とか有珠山《うすざん》、浅間山《あさまやま》、伯耆大山《ほうきだいせん》などなど、「山」の字が用いられたものは当然ながら数多い。ただしここに3つ挙げた山の字は順にサン、ザン、ヤマ、センと読み方がそれぞれ異なっている。具体的には音読み（清音と濁音）と訓読みに分けられるが、音読みのうちサンは漢音、センは呉音だ。「山」と名乗らない山の代表例としては岳（嶽）が挙げられるだろう。槍ケ《やりが》岳《たけ》、雲仙《うんぜん》普賢岳《ふげんだけ》のような岳（タケ・ダケ）も多いし、御岳山《みたけさん》のように岳と山が重複するものもある。

これについて60年以上前に詳細に研究したのが地名学の泰斗・鏡味《かがみ》完二《かんじ》だ。昭和27（1952）年1月に『地理学評論』に発表された「日本の山峰の語尾名とその地理学的意義」によれば、アイヌ語の影響が濃い北海道と、当時まだ米軍の占領下にあった沖縄県を除いた1万8667の山峰を地形図で丹念に集計した結果、「山」が8245（75・8パーセント）、「嶽」が1477（13・5パーセント）、「森」が547（5・3パーセント）、「峯」が317（2・8パーセント）、その他が281（2・6パーセント）となった。

ざっと4分の3が山、それに次いで嶽（岳）というのは感覚的にも納得できるが、この論文では山頂標高との関連も調べており、北海道内では1000メートルを超えるものは「山」より「岳」の方が優勢だったというのは面白い。岳は字義からして「高い山」または「険しい山」なので、これはある意味で当然かもしれない。

この論文には鏡味のよく用いた手法である山の語尾の分布図が掲載されており、これによれば岳は山口県を除く中国地方と四国地方が空白域であることがわかるし、東北に多いことで知られている「〇〇森」「〇〇森山」と称する山が意外に南紀《なんき》（和歌山県南部）と四国（特に高知・愛媛）にも集まっているのは興味深い。

鏡味はこの他、頻度の高いものから山峰名の語尾を列挙している。これを別表にまとめると次のようになる。これほど多様な山名の語尾が挙げられているが、珍しいものについては「語尾」というより固有地名そのものだろう。

鏡味完二は山の名に限らず、あらゆる地名調査において陸地測量部のすべての地形図を参照するという膨大な作業を行っているが、5万分の1だけで1200面を超えるから、相当な苦労だったに違いない。これが現在では「地理院地図」の検索によって一瞬で出てくるので、まるで別世界である（こうやって楽するから、なかなか頭に入らない弊害もあるけれど……）。

ここに挙げられた中で頻度の低いものを「地理院地図」でたとえば「松目」を検索すると八ケ岳《やつがたけ》連峰の硫黄岳《いおうだけ》の西側にある「峰の松目」がすぐ発見できるし、秋田県北秋田市の「両様《りょうざま》」や同県仙北《せんぼく》市の「立様《たつさま》」と、「様」が秋田県の山に特有なものであることがわかるし、「宇根」を探したら広島県を中心とする中国地方に集中しているのも一目瞭然だ（宇根の付く山名は広島県江田島市の「櫛ノ宇根」のみ）。それにしても、これが山の名前かという数多くの事例には驚かされる。改めて日本の地名の多様性を思い知らされた。

山峰名の語尾（左上から左下、右上から右下へ頻度の高い順）

山（ヤマ・サン・ザン）	毛戸（ケット）
嶽・岳（タケ・ダケ）	法師（ホウシ）
森（モリ）	秀峯（トンゴウ）
峯・峰・嶺・宇根（ミネ・ネ・ムネ・ウネ）	尊（タカ）
塚（ツカ）	峯（ズンネ）
岡・丘（オカ）	峯（ポウ）
仙・山（セン・ゼン）	腰（コシ）
臺・台・平（ダイ・タイ）	馬場（ババ）
富士（フジ）	坪（ツボ）
峠・嶺（トウゲ・トキ）	頂（チョウ）
辻（ツジ）	俣（マタ）
城（ジョウ）	背（セ）
丸（マル）・頭（ツム・アタマ）	松目（マツメ）
鼻（ハナ）	母屋（モヤ）
壇・段（ダン）	高地（コウチ）
倉（クラ）	浅間（アサマ）
石（シ・イシ）	鳥泊（トリドマリ）
ヌプリ・ノボリ	越（ゴシ）
尾（オ）	原（ハラ）
烏帽子（エボシ）	陣屋（ジンヤ）
岩（イワ）	瀬（セ）
神・峯（カミ）	膨（ブクレ）
流・嶺（ナガレ）	場（バ）
畚（モッコ）	崎（サキ）
高（コウ）	様（サマ）
立（タツ）	床（トコ）
凸部（トップ）	山（サ）
室（ムロ）	耳納（ミノウ）
野（ヤ）	笠（カサ）
棚（タナ）	御殿（ゴテン）
脊・岨（ソネ）	遠見（トオミ）
有珠（ウス）	天狗（テング）
塔（トウ）	ネシリ（原文の読みはローマ字）

鏡味完二「日本の山峰の語尾名とその地理学的意義」（1952）より

語尾のない山としては、昨今よく知られるようになった山形・新潟県境の「日本国《にほんこく》」という山（標高555メートル）があるし、鏡味氏の挙げた事例にもあるが、福岡県八女市《やめ》の「鈴ノ耳納《すずのみの》」、北海道石狩市《いしかり》の「浜益御殿《はまますごてん》」などなど意外に各地に分布している。それぞれどのような由来があるのか気になるが、本筋ではないので次へいこう。

●山は必ずしも山ではない？

山の7割以上が「山」と呼ばれているのはともかく、山が標高何メートル以上でなければ名乗れないといった規定があるわけでもないので、日本一低い山を名乗る天保山《てんぽうざん》（標高4・53メートル）もあれば、いやウチが日本一という「大潟富士《おおがたふじ》」に至っては頂上の標高が0メートルである。種明かしをすれば、干拓地ゆえに標高マイナス約3・8メートルの土地に、本家の富士山の1000分の1にあたる3・776メートルの築山《つきやま》を造ったものだ。

余談はともかく、東京の地名を見ても正式町名になっている代官山《だいかんやま》などは地形的には台地でも、見上げたアングルでは山に見えるので納得できる。ここは江戸期に代官所の所轄林があったことにちなむ通称から正式な町名になったものだが、他にも池田山《いけだやま》や島津山《しまづやま》といった台地上の大名屋敷に由来する通称地名はいくつもあり、昨今では高級マンション名に好んで採用されている。

辞書的な地形として「平地より著しく高く盛り上がった地形」でなくても山の付く地名はしばしば目にするところだ。たとえば同じ東京でも世田谷《せたがや》区の八幡山《はちまんやま》はどうみても山の地形ではない。京王線の八幡山駅もあるこの地はほぼ前面が標高45メートル前後の、ほとんど高低差のないフラットな台地だし、少し西の方にも同じく京王線の千歳烏山《ちとせからすやま》駅周辺に北烏山・南烏山の町名もある。八幡山よりかなり広いエリアにまたがるが、やはり40〜50メートルほどの台地で、一般的な「山」の概念にはまったく当てはまらない。

このような例は平らな武蔵野台地の中では珍しいことではないが、多摩地区に住んでいる私などは地元に古くから住む人との話でよく耳にする。地形として必ずしも「山」でなくても森林があれば山と呼ぶのだ。高く盛り上がっている必要はないが、まとまって木が生えていることが必須なのだろう。日本では平地はともかく、山のほとんどは樹木に覆われており、結果的に「①樹木に覆われ、かつ②盛り上がった地形」をヤマと捉《とら》える集団とモリと捉える集団が混在していても不思議はない。

ここで思い出すのがドイツの「森」と訳されている山脈・山地である。たとえばシュヴアルツヴァルト Schwarzwald は「黒い森」という直訳が巷間《こうかん》に流布されている。植生の主流がドイツトウヒなど黒々と見える針葉樹であることによるらしいが、他にもテューリンガーヴァルト（チューリンゲン森）、ベーマーヴァルト（ボヘミア森）など地名を冠したいくつものヴァルトが存在する。ヴァルト Wald はなるほど「森」であるのは確かだが、実質は樹木で覆われた山地と理解した方が適切だ。

●台地の地名――ノとハラ　相模原と相模野

崖下から見れば山に見える代官山、台地上の平らな場所にある八幡山の例を出したが、台地の定義は意外に難しい。たとえば大きな例として約800平方キロに及ぶ広大な武蔵野台地を考えて、台地の上に立ってミクロに見れば、つまり大昔の住人の視線で見れば、ひたすら平坦《へいたん》地がどこまでも続く土地であり、台を実感できるためにはその周縁部、つまり段丘崖の下の沖積地から見上げるアングルでなければならないし、またそれは周囲が侵食されて孤立した地形であれば、より一層「台地らしさ」は高まる。

地形学的には、武蔵野台地がそうであったようにかつての平坦な海底や緩斜面の扇状地が隆起して離水したものである。離水とは河川による侵食の影響を受けなくなることだが、本体は離水しても、その後に長い時間をかけて台の端の方から少しずつ侵食されて細かい谷ができる。東京なら赤坂や本郷《ほんごう》、麻布《あざぶ》といった地域の谷底がこの細かい谷であるが、崖下では湧水が得られるため、そこには江戸時代以前から集落が発生した。そこから坂道を上れば広大な面積の大名屋敷などが並ぶ平坦面に至るが、これが典型的な台地であろう。

　台地の面は時間の経過とともに細流が穿《うが》って少しずつ分断されていることもあり、そうなると「台地」を認識しやすくなる。江戸の庶民による「大名屋敷の台地」を見上げていたイメージからか、戦後の高度成長期には台の地名が高級感をもたらすものとして、大名気取りということもないだろうが、新造の「台」地名が濫発されるようになった。

　見分けが付きにくくなったが、東京の現行の地名のうち歴史的「台」地名は、旧江戸の範囲に限れば神田駿河台《するがだい》（千代田《ちよだ》区）や白金台《しろかねだい》（港区）などがそれだ。消えてしまったものを含めれば、文京区にあった関口台町《せきぐちだいまち》、小《こ》日《ひ》向台町《なただいまち》、本郷台町、港区では赤坂台町（現赤坂）、芝伊《しばい》皿子《さらご》台町《だいまち》（後の芝伊皿子町→現高輪《たかなわ》）、高輪台町（現高輪）などいずれも多かったが、谷の町と合併するなどして広域町名に変わっている。

　歴史的に見れば台地の上は水が得にくいことが多く、未利用地として放置されていたことも多い。要するに「原っぱ」であるが、これには異論もあって、開墾することを意味する「ハル（墾る）」の「情態言」が「ハラ」になったとすれば、放置ではない。しかし開墾地名には鏡味完二の『地名の語源』では「ハリ（バリ）」として今治《いまばり》や名張《なばり》の例を挙げている。いつの時代にその地名になったかで解釈は違ってくるのが難しいところだ。

『日本「歴史地名」総覧』の「自然地名の事典」では、ハラ（原）の地名を「ハラは広い平坦地を意味し、なんらかの理由で開発がすすまず、草原になっているような土地であることが多い。この点ではノ（野）と同じであるが、傾斜地や山などには使われない点で異なっている」としているが、相模野《さがみの》台地周辺の事例を挙げ、ノの地名は台地上に限られるが、ハラは台地上の他に川沿いの平坦地や海岸の砂丘地帯にもあることに言及している。『大言海』では原について「平ニシテ広キ所」「耕作セヌ平地」などとしており、総合すればハラは平らな未利用地といったところが妥当かもしれない。そうなればノ（野）は特に台地上の平坦地だろうか。「野原」などと一緒くたにした用例もあるし、このテーマは研究の余地がまだまだありそうだ。

ここに挙げられた相模野台地であるが、その北端に位置するのが相模原市である。この自治体は戦前の「軍都計画」を実現させるべく昭和16（1941）年に2町6村が合併で相模原町として誕生したものだが（戦後に座間《ざま》町が分離独立）、相模原という地名はこの時に「発明」されたわけではなく、吉田東伍《よしだとうご》の『大日本地名辞書』（初版は明治33年）にもすでに載っている。

これによれば「当麻、座間の東なる曠野にして、今も南北四里、東西一里許《ばかり》の空閑を見る（中略）水利を欠き、耕植の便を得ず」とある。政令指定都市となった現代からは想像しにくいが、明治期の地形図などを見れば無人の地域が広がっていた。このエリア全部がかつては高座郡《こうざ》であったが、古くはこれをタカクラと訓読みした。この郡名はズバリ「高いクラ」、つまり高い崖の上に広大な相模野が広がっていたことを形容したのではないだろうか。

さて、水利が不便であまり人が住むのに適していなかった台地上にも近代上水道が張り巡らされ、見晴らしや地盤の良さにひかれて人気住宅地となった。台地イメージも好感度が大幅にアップし、台の地名は高度成長期に雨後の筍《たけのこ》のように急増していく。首都圏にできた駅名だけ挙げても江戸川台《えどがわだい》（東武野田線《のだ》）、みどり台（京成千葉線）、みずほ台・朝霞台《あさかだい》（東武東上線《とうじょう》）、平和台《へいわだい》（東京メトロ有楽町線《ゆうらくちょう》）、武蔵野台（京王線）、宮崎台《みやざきだい》・青葉台《あおばだい》・すずかけ台（東急田園都市線）などなど枚挙にいとまがない。中には東武伊勢崎線《いせさき》のせんげん台駅（千間台東《せんげんだい》・西）のように、以前は大半が水田であった標高3〜5メートルの典型的な沖積地にまで「台」の地名が進出するようになった。地名と地形が必ずしも関連しない典型であるが、その話はまた後に取り上げる。

●谷の地名——東はヤ、西はタニ

昨今ではスクランブル交差点を外国人観光客が見物し、録画して楽しむスポットになった東京の渋谷《しぶや》。ハロウィーンで毎年のように大狂態が繰り広げられるのを嘆く人も多いが、渋谷という地名をシブヤと読むのが当たり前と思う人は東日本に集中しているのではないだろうか。大字レベルの地名でシブヤと読むのは東京都渋谷区、千葉県茂原《もばら》市、神奈川県大和《やまと》市の3か所であるのに対して、富山県高岡《たかおか》市（近年「しぶや」の読みに転じたらしい）、大阪府池田《いけだ》市、兵庫県丹波《たんば》篠山《ささやま》市、奈良県天理《てんり》市の4か所ではシブタニと読む。姓もシブヤとシブタニのどちらもおられるが、おそらく先祖の居住地によって東西に分かれるのだろう。

東京都の渋谷の由来については古く「塩谷の里」と呼ばれていたのが転訛《てんか》した説、渋谷氏がここに知行を与えられた説などあるが、源 義朝《みなもとのよしとも》の侍童をつとめた渋谷金王丸《こんのうまる》は豪勇で知られている。塩谷または渋谷に限らず、日本の地名を漢字から解釈しないのは鉄則だが、「シブ」が鉄分を含む水——金気《かなけ》のある水、渋い水が流れる低湿地とする説は意外に信憑性《しんぴょう》もあり、一方で狭くなる谷——シボ・ヤという解釈もあるという。

いずれにせよ谷をヤと読むのは主に東日本で、西日本のタニ（ダニ）とかなり明瞭に分かれている。私は以前、関東の「谷」のつく駅名を全部挙げて読みを調べてみた。「地理院地図」で「谷駅」を検索した結果なので谷が冒頭や途中に来るものは含んでいないが（谷塚《やつか》、谷津《やつ》、谷田川《やたがわ》、谷保《やほ》、大谷向《だいやむこう》など）、ざっと探せば次の通りになった。2社以上にまたがる駅はどちらかに入れて重複を避けた。

ヤで終わる駅は茨城県に上菅谷《かみすがや》・中菅谷・下《しも》菅谷（JR）、新守谷《しんもりや》・守谷・南守谷（関東鉄道他）、栃木県には国谷《くにや》（東武）、群馬県に細谷《ほそや》（東武）、埼玉県に熊谷《くまがや》・深谷《ふかや》・南古《みなみふる》谷《や》・南越谷《みなみこしがや》（JR）、和銅黒谷《わどうくろや》（秩父《ちちぶ》鉄道）、北越谷・越谷・新越谷（東武）、鳩ケ谷《はとがや》・南鳩ケ谷（埼玉高速鉄道）、千葉県に鎌ケ谷《かまがや》・新鎌ケ谷（東武他）、浜金谷《はまかなや》（JR）、東京都には市ケ谷《いちがや》・四《よ》ツ谷《や》・千駄ケ谷《せんだがや》・阿佐ケ谷《あさがや》・渋谷（JR）、王子神谷《おうじかみや》・入谷《いりや》・雑司《ぞうし》が谷《や》・南阿佐ケ谷・日比谷《ひびや》・四谷《よつや》三丁目（東京メトロ）、世田谷《せたがや》（東急）、幡ケ谷《はたがや》（京王）、保谷《ほうや》（西武）、糀谷《こうじや》（京急）、松《まつ》が谷《や》（多摩モノレール）、神奈川県には保土ケ谷《ほどがや》、入谷（JR）、井土ケ谷《いどがや》（京急）、西谷《にしや》・瀬谷《せや》（相鉄）、高座渋谷《こうざしぶや》（小田急）と多数にのぼった。

これに対してタニ（ダニ）で終わるのは茗荷谷《みょうがだに》（東京メトロ）、鶯谷《うぐいすだに》（JR）、それに小涌谷《こわきだに》（箱根登山鉄道）の3つだけ、その他の読みは長谷《はせ》（江ノ島電鉄）と養老渓谷《ようろうけいこく》（小湊鐵道）のみという結果である。いかに関東でヤが多数派かわかるが、これに対して関西（近畿地方）ではまったく反対の結果であった。

谷で終わる駅そのものが多くはないが、三瀬谷《みせだに》・梅ケ谷《うめがだに》・山城青谷《やましろあおだに》・大谷《おおたに》・桃谷《ももだに》・久谷《くたに》（JR）、大谷（京阪）、駒ケ谷《こまがたに》（近鉄）、滝谷《たきだに》（南海）、箕谷《みのたに》・押部谷《おしべだに》（神戸電鉄）、名谷《みょうだに》・伊川谷《いかわだに》（神戸市）、大蔵谷《おおくらだに》（山陽電鉄）がタニ（ダニ）、JR阪和線の六十谷《むそた》はタニの仲間だろう。これに対してヤは紀伊神谷《きいかみや》（南海）と下深谷《しもふかや》（養老鉄道）だけであった。その他としてJR播但線《ばんたん》の長谷《はせ》。

もちろんここに挙げたのは駅名だけであり、もっと密度の濃い地名そのものの調査をした先人の研究結果を見ても、東日本がヤ、西日本がタニ（ダニ）という傾向はかなり明瞭である。どこの地域にも例外はあるが、ヤは東北から関東、それに長野、山梨、静岡、愛知が中心で、タニ（ダニ）は岐阜県以西である。新潟県から福井県にかけての北陸は混在しているが、万遍なくというわけでもなく、強いて言えば新潟県の下越（北東方）はタニ、中越はヤ（小千谷《おぢや》市もある）、富山県はタニ（タン）が優勢という具合に分布に強弱も認められる。末尾の富山県はタニの変形タン（ダン）が目立ち、たとえば後谷《うしろだん》、入谷《いりだん》（最近「うしろだに」「いりたに」と表記されることも多いようだ）、小原谷《おはらだん》、といった具合だ。「ヤ・タニの境界線はフォッサマグナ」と無理に結論づけたい気持ちになってくるが、それよりはだいぶ南西側にヤがはみ出している。

ついでながら、全国に分布する「小谷」という地名の読み方。これは実に多様で、オウナ（長野県千曲《ちくま》市）、オオタニ（滋賀県長浜《ながはま》市ほか）、オコク（沖縄県南城《なんじょう》市）、オタニ（富山市他）、オダニ（新潟県村上《むらかみ》市他）、オタリ（長野県小谷村）、コダテ（岐阜県揖斐川町《いびがわちょう》・コタテとも）、コタニ（新潟県十日町《とおかまち》市他）、コダニ（富山市）、コヤ（埼玉県鴻巣《こうのす》市）、コヤト（神奈川県寒川町《さむかわまち》）と11種類も確認できた。日本の地名の難しさである。

水上交通に由来する地名

交通といえば、特に旅客輸送では今や大半を自動車や鉄道が担っているが、近代に入るまで特に貨物に関しては重い物のほとんどを海や川の船が運んでいた。もちろん現在でも国内発着の貨物のうちトンキロ換算では4割以上（平成26年度で44・1パーセント）を内航海運が担っている。この半世紀で鉄道貨物がシェアを9割も減らした分をトラックが補っている状態で、内航海運の分担率は実はそれほど変わっていない。

その舟が発着するところが港である。現代語ではもっぱら港の字が用いられるが、この字は本来「ふなみち」を意味しており、舟の通る道から船着き場の意に転じた。もうひとつの湊という字は「水が集まる」で、やはり舟が集まる所である。大和言葉の「みなと」は「水《み》の門《と》」で、水へのアクセスポイントである。もっとも自然の地形そのままでは舟が安全に停泊できないので、それなりに人の手を加えたところだ。

●港より湊の方が地名では一般的

「港」のつく地名といえば横浜港や神戸港のような用法を除外するとして、固有名詞部分に港のつく地名は「港町」や「港北区」のように近年に新設されたものが多く、明治以前から存在したものとしては伊豆大島《いずおおしま》の波浮港《はぶみなと》、沖縄県浦添《うらそえ》市の牧港《まきみなと》、同県大宜味《おおぎみ》村《そん》の田港《たみなと》など非常に限られている。これに対して湊の字ははるかに多く、秋田市の土崎港《つちざきみなと》も、明治22（1889）年に合併で土崎港町が誕生するまでは土崎湊（19町）であった。

湊のつく地名を思い浮かべてみれば、青森県むつ市の大湊《おおみなと》、千葉県鴨川《かもがわ》市の小湊（小湊鐵道の当初の目的地)、日本海側には前述の出羽《でわ》の土崎湊の他にも北前船の寄港で繁栄した越前《えちぜん》の三国湊《みくにみなと》(現福井県坂井《さかい》市三国町)、佐渡《さど》の湊町(現佐渡市両津湊《りょうつみなと》)、最近まで市名だった常陸《ひたち》の那珂湊《なかみなと》(現茨城県ひたちなか市)、明治4(1871)年に成立した新湊《しんみなと》(現富山県射水《いみず》市)などが知られていた。

もちろん海に面しているものが大半だが、砂浜海岸の続く地方では大河を少し遡った河港もある。松山《まつやま》市の湊町《みなとまち》はだいぶ内陸で城下町の南側。かつては外港である三津浜《みつはま》まで水路が通じていた。大阪市の浪速《なにわ》区湊町も海には面していないが道頓堀《どうとんぼり》沿いだ。江戸期から現在まで続く町名で、関西本線の終点・湊町駅でも知られた。平成6(1994)年にJR難波《なんば》と改称されたが、同8年には地下化して昔時の面影はない。

●津と泊の地名

現代語で「津」といえば津波や津々浦々といった語に登場する程度であるが、こちらも港を意味する古語である。三重県の県庁所在地の津《つ》市はもともと安濃《あの》郡の港であることから安濃津《あののつ》と称したが、後に略されて単に「津」となった。安濃津の他にも郡名の後に津を付けた例はあり、たとえば香川県には多度《たど》郡の港町である多度津(現仲多度郡多度津町)、鵜足《うた》郡の港町の宇多津《うたづ》（古くは鵜足津とも表記・現綾歌《あやうた》郡宇多津町）が現役の地名だ。

室町時代末の海洋法規集「廻船式目」には、当時の全国10か所の主要港が「三津七湊《さんしんしちそう》」として列挙されている。三津は前述の安濃津、博多《はかた》津（福岡市）、堺《さかい》津（大阪府堺市）、そして七湊が三国湊（福井県坂井市）、本吉《もとよし》湊（後の美川《みかわ》・石川県白山《はくさん》市）、輪島《わじま》湊（石川県輪島市）、岩瀬《いわせ》湊（富山市）、今町《いままち》湊（直江《なおえ》津《つ》・新潟県上越《じょうえつ》市）、土崎湊（秋田市）、十三《とさ》湊（青森県五所川原《ごしょがわら》市）となっている。

どのような津であるかを1～2字を冠して形容したものも多く、中津《なかつ》（大分県）、大津《おおつ》（滋賀県・大阪府など）、三津《みつ》（愛媛県）、沼津《ぬまづ》（静岡県）、直江津（新潟県）、温泉津《ゆのつ》（島根県）などさまざまな津の地名が現存する。中には当て字として「津」を用いただけの草生《くそう》津《づ》（臭水《くそうず》＝石油に当て字・新潟県長岡《ながおか》市）、群馬県の草津《くさつ》温泉の草津（硫黄臭い水に由来するらしい）、阿久津《あくつ》（低湿地の地名アクツに当て字・群馬県太田市など）といった港由来でない例もあるので要注意だ。

港の関連ではもうひとつ重要な古語が泊である。文字通り舟が泊（停）まる場所であるが、小泊《こどまり》（青森県中泊《なかどまり》町・新潟県佐渡市）、寺泊《てらどまり》（新潟県長岡市）、泊《とまり》（富山県朝日《あさひ》町《まち》）など数多く、また早くからアイヌ語にも取り入れられたことから、北海道にも多く分布する。

天保15（１８４４）年生まれのアイヌ語研究者永田方正《ながたほうせい》は、「とまりは和語なれどアイヌは蝦夷語という」と、アイヌ民族が自分たちの言葉だと信じている様子を伝えており、その伝来の古さがしのばれる。道内には船泊《ふなどまり》（礼文町《れぶんちょう》）、鴛泊《おしどまり》（利尻富士町《りしりふじ》）、目梨泊《めなしどまり》（枝幸町《えさしちょう》）、相泊《あいどまり》（羅臼町《らうすちょう》）など数多く、道内唯一の原子力発電所の所在地は泊村であり、北方領土の国後島《くなしりとう》の南半も泊村である。

●近世では漁村を意味した「浦」

さて、津々浦々の「浦」の方も地名に多く用いられている。末尾に浦のつく市名は三浦《みうら》市（神奈川県・三浦郡より）、土浦市《つちうら》（茨城県）、松浦市《まつうら》（長崎県・松浦郡より）、袖ケ浦市《そでがうら》（千葉県・東京湾の広域呼称より）、勝浦市《かつうら》（千葉県）のみだが、駅名を探してみると田浦《たうら》（神奈川県・横須賀線《よこすか》）、甲浦《かんのうら》（高知県・阿佐海岸鉄道）、金浦《このうら》（秋田県・羽越本線）、中浦《なかうら》（新潟県・羽越本線）、深浦《ふかうら》（青森県・五能線《ごのう》）、冷水浦《しみずうら》（和歌山県・紀勢本線《きせい》）、大野浦《おおのうら》（広島県・山陽本線）、など枚挙にいとまがない。

浦の本来の字義は「川や湖などのほとり」であるが、日本では湾状になった地形を特に指すようになった。浦和《うらわ》（さいたま市）という地名は当て字らしくもあるが、６０００年ほど前の縄文海進期にはこのあたりまで海岸線が後退していたこともあり、実際に湾状の地形を指したものかもしれない。

浦は近世では漁村を指す用語（浦方）となり、農村（里方）の「○○村」に対して漁村は「○○浦」と称して区別した。明治に入って「浦つき」のまま引き継がれた地域も多く、たとえば三重県南部の南伊勢町《みなみいせちょう》に昭和30（1955）年まであった旧中島《なかしま》村は、明治22（1889）年の町村制施行時に阿曽浦《あそうら》、大江《おおえ》村、道方《みちかた》村、大方竃《おおかたがま》、道行竃《みちゆくがま》の5つが合併したものだが、村だけでなく浦、竃が含まれている。このうち浦のついた阿曽浦は農漁村混在（「天保郷帳」によれば里方449人、浦方379人）、これに対して大江村と道方村は農林業のみであった。また竃のつく2地区は江戸期には農村であるが、この地域に分布する「南島八竃」と称する竃つきの地名は平家の落人集落と伝えられ、竃の語尾は古く塩を焼いていたことに由来するという。ついでながらこの字を含む市名である宮城県塩竃《しおがま》市も「製塩の名所」が由来とされている。ちなみに千葉県浦安《うらやす》市は明治の大合併で堀江《ほりえ》・猫《ねこ》実《ざね》・当代島《とうだいじま》の3村および欠真間《かけまま》村の飛地が合併した際に「漁浦、安かれ」と命名したものだ。

道に由来する地名

●橋のつく地名——橋本・日本橋・京橋

川や水路を渡る交通路が橋であるが、太古の昔から架けられてきた橋にまつわる地名は多い。たとえば橋本《はしもと》という地名は全国に広く分布しており、鉄道の橋本駅も神奈川県（JR横浜線・京王相模原線）、京都府（京阪本線）、和歌山県（南海高野《こうや》線・JR和歌山線）、福岡県（福岡市地下鉄七隈《ななくま》線）の4か所も存在している。

全国の橋本の地名で由来が判明しているもの、もしくは伝承のあるものは多くが橋のたもとに存在することを挙げており、その中では和歌山県橋本市の「応其《おうご》上人が紀ノ川に長さ130間（約236メートル）の橋を架けた」という由来はよく知られるものだ。また静岡県湖西《こさい》市の橋本は『角川』によれば「浜名湖口の浜名川に架けられた浜名橋のたもとに開けたことによる」とあり、滋賀県大津市の橋本も「瀬田橋の東詰にあることにより」としている。その他の橋本もおおむね川に近いから、多くが実際の橋にまつわるものだろう。

橋のつく地名は非常に多い。東京でよく知られているのは日本橋《にほんばし》や京橋《きょうばし》、大阪では心斎《しんさい》橋《ばし》など都心部の地名が多いが、もとは単なる橋の名で、町名となったのはだいぶ後年である。日本橋と京橋は、どちらもメインストリートに架かる江戸時代からの橋で、それが地名になった最初は明治11（1878）年に定められた日本橋区・京橋区という区名である。その両区が昭和22（1947）年に合併したのが中央区だ。

町名としての京橋が誕生したのは昭和6（1931）年と意外に新しい。中橋広小路《なかはしひろこうじ》町《ちょう》・南伝馬町《みなみでんまちょう》一丁目〜三丁目・畳町《たたみちょう》・具足町《ぐそくちょう》・鈴木町《すずきちょう》の各全域と、北槇町《きたまきちょう》・南槇町・桶《おけ》町《ちょう》・大鋸町《おがちょう》・南鞘町《みなみさやちょう》・南鍛冶町《みなみかじちょう》・北紺屋町《きたこうやちょう》・南大工町《みなみだいくちょう》・松川町《まつかわちょう》・炭町《すみちょう》・常盤町《ときわちょう》・中橋和泉《なかはしいずみ》町《ちょう》の各一部が大合併してできた。昭和6年といえば関東大震災の8年後で、震災復興事業に伴う町名地番整理が行われた時期にあたる。この時に江戸期から続いてきた「職人町」の系譜は断たれてしまったが、この時に東京の各地で町名の統廃合が行われた。

その時期に誕生した東京市の「橋」町名を挙げてみると、江戸橋《えどばし》・呉服橋《ごふくばし》（昭和3年）、吾妻橋《あづまばし》・厩橋《うまやばし》（同5年）、京橋（同6年）、新橋《しんばし》・淀橋《よどばし》（同7年）、浅草橋《あさくさばし》（同9年）など数多く、それ以前には市内に橋のつく町名は板橋《いたばし》（昭和7年に東京市編入）など古くから村名であった例外を除けば、町中にはほとんど存在しなかった。

注目すべきなのは、これらの橋の名の大半が明治以来の東京市電（後の都電）の停留場名で、すでに通称地名として広く通用していたことだ。町名を統廃合しようとする場合、江戸以来の細かく区分された中で特定の町を残すわけにもいかず、橋名というより「いつも利用する橋つき停留場名」を町名に採用したことで住民の同意が得られたのだろう。昭和40（1965）年前後の住居表示に基づく統廃合でも飯田橋《いいだばし》（昭和41年。旧称は飯田町など）や大橋《おおはし》（目黒《めぐろ》区・同44年）などが追加されている。橋→停留場→通称地名化→統廃合時の正式町名、という流れである。

●道の地名——道・坂

獣道という言葉がある通り、動物が何度も通る場所には自然に道ができる。もちろん人類も太古の昔からあちこち移動しては道を発生させ、また自発的に切り開いてきた歴史をもっている。道の名前は「どこへ通じる道」という命名が最も原初的のようで、この発想は外国でも同様だ。ヨーロッパの都市で見かける通りの名には、やはり離れた町などへ通じる街道にはそれなりの地名入りの通り名が目立つ。たとえばドイツのフランクフルト（マイン）には東のハーナウへ向かうハーナウアー・ラント通り、オッフェンバッハへ向かう道がオッフェンバッハー・ラント通りといった具合である。

目的地を名付けた道としては、東京都や神奈川県に今も各所に存在する鎌倉《かまくら》街道だろうか。鎌倉時代には当然ながら各方面から「鎌倉道」があった。これらの鎌倉道は当然ながらすべて鎌倉へ通じているが、鎌倉から見ればそれぞれが神奈川道、戸塚《とつか》道、横須賀道、藤沢《ふじさわ》道であったりするので、道路の呼び名は絶対不変ではない。たとえば五街道のひとつである水戸《みと》街道も、水戸では江戸街道と称していた。

広義では街道名も地名ではあるが、この項では道路の名前ではなく「道路名に基づく地名」を探してみよう。兵庫県明石《あかし》市の大道町《だいどうちょう》は『角川』によれば「古く山陽道（西国街道）がこの付近を通り、大道《おおみち》といっていたのが音読されたことによる」とあり、京都市下京区の丹波街道町《たんばかいどうちょう》は江戸期から見える町名で、『京都坊目誌』によれば「丹波に至る要口にあたることによる」という。

東京都日野市には多摩都市モノレールに「甲州《こうしゅう》街道」という駅（所在地は日野《ひの》市大字日野）があり、慣れない人は東京から甲府を経て下諏訪《しもすわ》に至る甲州街道がここでモノレールと交差するからといって、なぜそんな駅名なのかと違和感を覚える人も多いが（市民はすぐに慣れた）、江戸期からの丹波街道町などと同様に、その発想は昔からのものだ。モノレールの例を出さずとも、阪急今津《いまづ》線には阪神国道駅（西宮《にしのみや》市津《つ》門大塚町《とおおつかちょう》）があるし、西武多摩湖線の青梅街道駅（小平《こだいら》市小川町《おがわちょう》）の開業は昭和３（１９２８）年に遡る。

行き先ではなく新旧に言及するものもある。たとえば群馬県太田市の新道町《しんどうちょう》は昭和52（１９７７）年からの新町名ではあるが、太田市から伊勢崎市に至る10キロ以上も直線区間が続く県道・古河《こが》街道が「新道」と呼ばれ、太田市のこの区域は「新道」という俗称があったのを追認した形だ。逆に古い方では長崎市の古道町《ふるみちまち》はもと小字名で、江戸期に長崎から野母崎《のもざき》への御崎道が通っていたことによる。国道４９９号の旧道であろう。

●日本に目立つ坂道地名——坂上・坂下・坂本

東京都23区の西側には坂道が多く、文京区や港区、新宿区など立体的な地形をもつ区には実に多くの名前つきの坂道が見られる。本郷《ほんごう》の菊坂《きくさか》や富坂《とみさか》、牛込《うしごめ》の神楽坂《かぐらざか》、四谷の津《つ》の守坂《かみざか》、靖國神社へ通じる九段坂《くだんざか》、赤坂の霊南坂《れいなんざか》、麻布の鳥居坂《とりいざか》などなど、有名な坂道は多い。戦後の住居表示法施行でだいぶ消えたとはいえ、港区麻布永坂町《あざぶながさかちょう》、渋谷区道玄坂《どうげんざか》、目黒区柿《かき》の木坂《きざか》、板橋区坂下《さかした》、新宿区四谷《よつや》坂町《さかまち》など坂と称する町はまだ残っている。

ところがヨーロッパなどでは坂道に固有の名前を付ける習慣がないのか、私は坂道そのものを付けた名称を耳にしたことがない。私の不勉強ゆえだと思って、しばらくの間は起伏の多い都市の市街図を見るたびに「坂」に注意していたが、なかなか出会うことがなかった。やっと見つけたのはスイス・ローザンヌの街を歩いていた時である。階段を交じえたいくつかの坂道にエスカリエ（Escalier）の語が付いているではないか。坂道をそう呼ぶのかと期待してこの単語を辞書で調べてみたら単に「階段」でがっかりした。かなり急な坂道であっても、階段がなければ平地と同じ「通り」（リュ rue）である。パリのモンマルトルも同様だ。これはドイツやイギリスでも同じようで、坂の街で有名な米国のサンフランシスコでも屈曲した坂道で知られる「ロンバード・ストリート」も、聞いただけでは他の通りと区別できない。世界中を調べたわけでないので、詳しい方にはぜひご教示いただきたいものである。

「交通関係の地名」として注目したいのは坂上・坂下など位置関係を示す地名である。特に坂下（阪下）と坂本（阪本・坂元）の地名は街道筋に目立つ。たとえば三重県亀山《かめやま》市の坂下は東海道五十三次のひとつ坂下宿（坂之下・坂ノ下）で、まさに鈴鹿《すずか》峠を上る手前のまさに坂下にあたる。街道筋で坂下に位置する村によくある地名であるが、読みは「さかした」の他に三重県伊賀《いが》市の「さかげ」、新潟県十日町市の「さかのした」、石川県加賀《かが》市山中温泉坂下町は「さかのしもまち」である。福島県会津《あいづ》坂下町は「ばんげ」、岐阜県下《げ》呂《ろ》市の「さこれ」など多様だ。最後のは難読だが、サカオリ↓サカオレ↓サコレと転訛《てんか》したとすれば不思議ではない。

中山道では上野《こうづけ》と信濃の国境にあたる碓氷《うすい》峠の麓《ふもと》側、現在の安中《あんなか》市に坂本宿《さかもとしゅく》が控えており、こちらが古代の東山道《とうさんどう》の坂本駅と同じとすれば相当の長い歴史だ。滋賀県大津市では比叡山《ひえいざん》の東麓に平安期から文献に見える坂本の地名があり、延暦寺を開いた最澄の出生地とされる。その浜側は下阪本で、坂と阪の字は異なるが、明治の町村制から下阪本村が誕生して以来、こちらの表記だ。坂上の地名も多いが、「さかうえ」がメインながらも「さかのうえ」「さかがみ」などの読みもある。

●峠を「びょう」と読む謎——ツクシとの関連

柳田國男は『地名の研究』で、少年時代に住んだ近所の中峠《なかびょう》という地名が気にかかったエピソードを記しつつ、そこから研究を発展させている。なぜ「びょう」などと読むのか、調べてみれば千葉県には同じ読みの中峠がいくつもあったそうだ。千葉郡蘇我町大字小花輪（現千葉市中央区）字中峠、山武郡日向村大字木原（現山武市）字中峠、同郡公平村大字松之郷（現東金市）字中峠を挙げている。

同時に「瓢」など他の字でヒョウと読む地名が珍しくないところに注目したのが尋常ならざるところだが、千葉県内の山武《さんぶ》郡瑞穂村大字萱野《かやの》（現大網白里《おおあみしらさと》市）字中瓢、君津郡富岡村大字上宮田《かみみやだ》（現袖ケ浦市）字境俵、同村大字下宮田（現袖ケ浦市）字境鋲、君津郡平岡村大字永吉《ながよし》（現袖ケ浦市）字中嶖、市原郡海上《うなかみ》村大字引田《ひきだ》（現市原市）字中嶖、茨城県真《ま》壁《かべ》郡黒子《くろご》村大字井上（現筑西市）字中兵を挙げた。

この中から柳田は嶖の字に注目し、山の地形を表わすから山偏にはなっているが、元は標だという。つまり澪標《みおつくし》のツクシ、傍示《ほうじ》（標柱）の意である。ツクシはもと標木の義であったものが、転じて境を意味するようになったと推理した。境界に標石や杭を立てるのは国の内外を問わない。ちなみに柳田は澪標《みおつくし》の語源を「水脈《みお》つ串」とする説を否定しており、標＝ツクシだという。ちなみに現代の古語辞典などでは一般に「つ」を格助詞とし、「水脈の（つ）串」としている。

ついでながら植物の土筆《つくし》の語源も調べてみた。「スギナについて出てくることから付く子《し》」、袴《はかま》の部分で継いでいるように見えるから「継く子」とする説があるというが、どちらも怪しい。ところが「伊予弁でホウシコと呼ぶ」という段を読んで、これは傍示子ではないかと気がついた。ツクシ（標）＝ホウシ（傍示）がキーワードとすれば、植物のツクシが標柱のミニチュアであり、これが伊予では傍示の子（ホウシコ）になったという私の仮説である。

「ぼうじ」は冒頭が濁点だが、実際の傍示の地名は傍示《ほうじ》（徳島県上勝町）、傍示戸《ほうじど》（千葉県横芝光町）のように冒頭が濁らないものも多い。いずれにせよ、瓢や鋲、俵などの字が用いられた地名はヒョウに表音文字を当て、中峠の方は表意文字として峠の字を当てたと考えれば納得できる。澪標の解釈についてはともかく、ヒョウ（標）が峠を指すようになったとの解釈は説得力がありそうだ。

●駅の本来の意味

弥次《やじ》さん喜多《きた》さんが活躍する東海道五十三次の「宿場」。この用語は江戸時代のものである。その宿場では馬を継いで旅するのに支障ないよう、常に馬が用意されていた。古代律令制の昔に遡れば、馬を乗り継ぐための場所がこれで、古くは駅、駅家（えきか・うまや）などと呼ばれた。旧字の驛のツクリは「次々にたぐり寄せる」という意味があり、文字通り「駅伝」するための馬が置かれた場所である。『漢語林』にも「①つぎうま②うまや」とある。ちなみに演繹法の繹は「糸を引き出す」という意味で、ちょっと古めかしいが「人馬《じんば》絡繹《らくえき》」と言えば、人や馬の流れが途切れず続く賑わいの様子を表わす。

8世紀の養老令によれば駅家は原則として30里（約20キロメートル）ごとに設けられ、道路規格に従って大路には20疋、中路に10疋、小路には5疋の駅馬、さらに郡ごとに伝馬5疋を公用の使や国司の旅行用に配備するよう定められた。駅家は当時としては珍しい瓦《かわら》葺《ぶ》きとされ、宿舎、厩舎、倉庫が備えられている。

平成5（1993）年から正式に発足した「道の駅」は建設省（現国土交通省）のヒット施策で、その後は全国各地にこれが数多く設置された。しかし考えてみればもともと駅は道の施設であり、それが明治に入って鉄道の時代に「列車が停まる場所」である停車場に転用され、ようやく平成に入って戻ってきたものである。

単に駅といえば今では鉄道の停車場を指すが、街道に由来する駅のつく歴史的地名はあまりない。広島県福山《ふくやま》市には駅家町《えきやちょう》があり、これは古代官道の品治《ほんち》駅に比定されるということから大正2（1913）年の5村合併で新しく誕生した自治体名（駅家村）だ。現在の駅家町中島にある最明寺の山号が「駅山」「駅宿山」「馬駅山」などと呼ばれたことから、付近に駅家があったと推定されるという。ちなみに付近を走るJR福塩《ふくえん》線には駅家駅もある。

大分県宇佐市《うさ》を流れている駅館川《やっかんがわ》は珍しく駅の字を含む川で、鎌倉時代以前は宇佐川または菟狭川《うさ》と呼ばれていたのを、宇佐の駅跡が川の畔にあったことから駅館川の名に変わったという。消えた郷名では駅家郷《うまやのごう》が全国各地に存在したがことごとく失われた。『角川』に載っているものだけでも陸奥、上野、武蔵、相模、加賀、若狭、美濃、遠江、駿河、三河、尾張、伊勢、志摩、摂津、紀伊、備前、備中、周防、長門など広範囲にわたっている。やはり約20キロ間隔で設けられた駅家といえば郡の中では特徴的なので、何と言ってもウチの郷の自慢は「駅」ですよ、ということで好まれたのかもしれない。

第2章　駅名と地名の関係

ふだん利用している鉄道の駅。その名前を意識することはあまりない。一般に駅名にはその所在地名が採用されているからかもしれないが、いくつかの駅名を思い浮かべてみると、明治神宮前《めいじじんぐうまえ》駅（東京メトロ千代田《ちよだ》線・副都心《ふくとしん》線）は神社の名前だし、表参道《おもてさんどう》駅（同千代田線・同銀座《ぎんざ》線・半蔵門《はんぞうもん》線）はそちらへ向かう道路の呼び名である。駒場《こまば》東大前《とうだいまえ》駅（京王井《い》の頭《かしら》線）という「地名＋大学名」もあれば、東浦和《ひがしうらわ》、西浦和《にしうらわ》といった東西南北のついた駅名も珍しくない。

昨今ではいわゆる「キラキラ駅名」も目にするようになってきた。その嚆矢《こうし》はおそらく田園都市《でんえんとし》線の「たまプラーザ」あたりだろうが、なぜ地元の地名である元石川町《もといしかわちょう》ではダメだったのか。この問いは駅名というものの本質と、その後の「変質」を考える際に重要である。本章では駅名の成立と近年の変貌について考えてみる。

駅名は地名を採用するのが基本だが……

●駅名に採用される地名の階層

東京駅は「東京」にあるから東京を名乗り、大阪駅も「大阪」にあるから大阪を名乗っている。東急の自由《じゆう》が丘《おか》駅も目《め》黒《ぐろ》区自由が丘にあり、札幌《さっぽろ》駅の所在地は北海道札幌市である。「明治神宮前」のような事例を除いて、なるほど「駅名は地名を名乗る」のが当たり前かもしれない。

しかしJR大阪駅をひとたび降りて阪急や阪神、または地下鉄御堂筋《みどうすじ》線に乗り換えれば「梅田《うめだ》」という駅が待ち受けているのをどう説明すべきだろうか。東京の人が初めて大阪駅に降り立った時に「梅田へはどう行けばいいのでしょうか」という、大阪人にしてみれば間の抜けた問いを発するのも無理はない。大阪も梅田も、どちらも「現地の地名」に違いないのだから（阪急・阪神は令和元（2019）年10月1日に「大阪梅田」と改称した）。

大阪駅と梅田駅の食い違いは、それぞれが駅名に採用した「地名階層」が異なるために生じたものである。地名階層とは、地球＞アジア＞日本＞関東地方＞東京都＞千代田《ちよだ》区＞丸《まる》の内《うち》といった地名の守備範囲の広狭で、必ずしも行政区画の通りというわけではなく、通称地名が含まれたりもするが、世界中どこにも存在する概念だ。

さて、JRの名乗る「大阪」は市の名前（府名でもある）なのに対して、梅田はその大阪市の中で大阪駅や梅田駅が存在する町名だ（厳密には阪急と御堂筋線の梅田駅の所在地は「梅田」ではないが、本筋ではないのでここでは措《お》く）。大阪駅は明治7（1874）年に大阪府で初めて誕生した駅――というより停車場《ていしゃば》である。当時は「梅田のステンショ」などと呼ばれたそうだ。誇張でなく田んぼのまん中に建設された駅の所在地は、明治22（1889）年に大阪市が誕生した時もまだ西成《にしなり》郡曾根崎《そねざき》村の一部で、同30年にようやく大阪市内の北区《きた》に編入されたほど街外れにあった。

湿地や田を埋め立てたことから「埋田《うめだ》」の名が起こり、好字に転じて梅田に変わったとされる。明治33（1900）年には正式名称の梅田町（現梅田）となり、同38年に阪神電気鉄道が開通（当初は少し西側の出入橋《でいりばし》）、同41年には駅前に市電が乗り入れ、同43年には箕面《みのお》有馬《ありま》電気軌道（現阪急）と相次いで開通するに従って北を代表する繁華街の地位を確立させていくが、国鉄以外の鉄道はすべて梅田を名乗っていた（国鉄の駅前を示すのに市電も梅田停車場前と称した）。それより前、初めて大阪駅に接続した私鉄の大阪鉄道（現大阪環状線の一部）は蒸気機関車を走らせていたが、天王寺《てんのうじ》方面から延伸して明治28（1895）年に開通した際には梅田を名乗っていた（同33年に大阪と改称、後に国有化）。

要するに、大阪という駅は名古屋《なごや》や東京、広島や博多《はかた》など遠くへ向かう列車が発着するところであり、そのスケール感でいけば「梅田」では名古屋や広島などの駅名とは「縮尺」が合わない。阪神電車が西宮《にしのみや》や神戸《こうべ》方面へ通じた際に最初から「梅田」を名乗ったのは、乗客に向けて「大阪の中でも、あの梅田へ行きます」というアピールが効果的だったからだろう。ただの「大阪」ではボンヤリしてしまう。阪急電車だって梅田を出て宝塚《たからづか》や西宮北口といった近傍へ行くからこそ、明治43（1910）年に開業した際に心斎橋《しんさいばし》でも難波《なんば》でもない「梅田行き」を宣言したはずだ。

近鉄の歴史をたどった拙著『地図と鉄道省文書で読む私鉄の歩み　関西2　近鉄・南海』（白水社）で、大阪鉄道（南大阪線の前身）が天王寺駅に接続して設けたターミナルを、開業時の「大阪天王寺」という駅名から翌月（翌年ではない）にわざわざ「大阪阿部野《あべの》橋《ばし》」に改称したことを紹介したが、関西《かんさい》本線の接続する天王寺という駅名より、「都心へ直行する市電！」の阿部野橋電停の名でアピールしたかったのではないかと仮説を立てた。まあ手前味噌《みそ》ながらこれは当たっている気がする。今でこそ頻繁に電車が発着するJRだが、当時の関西本線は汽車がたまに来るだけだったし、列車が多かった城東線《じょうとう》（現大阪環状線）でさえ20～30分間隔だったから。

●丸ノ内線に「東京駅」の違和感

東京駅に接続するJR以外の路線はたまたま東京メトロ丸ノ内線だけであるが、こちらは大阪の流儀なら「丸の内」とすべきところを、「東京」と名乗っている。駅名を順に並べると、池袋《いけぶくろ》・新大塚《しんおおつか》・茗荷谷《みょうがだに》・後楽園《こうらくえん》・本郷三丁目《ほんごうさんちょうめ》、御茶ノ水《おちゃのみず》・淡路町《あわじちょう》・大手町《おおてまち》・東京・銀座《ぎんざ》……と続くのだが、この中で「東京」だけ突出して「縮尺」が合っていない。違和感はないだろうか。丸ノ内線が走っているのは起点から終点まですべて東京23区内なのだから、今さら「東京」もないだろう、というわけだ。

丸ノ内線の駅名に目立つのは本郷三丁目、四谷三丁目《よつや》、新宿三丁目《しんじゅく》という「丁目」である。三丁目ばかりなのは不思議だが、つまり本郷、四谷、新宿という一定の広域エリア（本郷や四谷は戦前には区名でもあった）には、地下鉄であれば複数の駅が設置されるのが順当であるから、地点を特定させるためにも丁目が必要だった。もちろん国鉄の四ツ谷駅、新宿駅などがすでにあり、それらとの区別は必須《ひっす》だったのも確かであるが。一般論として地下鉄の駅に丁目がつくのは珍しくない。もちろん市電の停留場の後継者としての役割を考えた結果でもあろうが、地名階層は地上の電車と比べてしばしば「ひとつ下」のものを採用している。

同じ東京メトロの有楽町線《ゆうらくちょう》には東池袋という駅があるが、同駅で接続する都電荒川線《あらかわ》（東京さくらトラム）は「東池袋四丁目」と地名階層がひとつ下だ。路面電車は地下鉄より停留場間隔が狭く、利便性のために地名のさらなる細分化が要請されるのは言うまでもない。時に市役所前や大学前などを名乗るのは地下鉄や路面電車の「得意技」である。

副都心線が開業した時にはおもしろい現象が起こった。都電の鬼子母神前《きしぼじんまえ》電停のすぐ下に「雑司が谷《ぞうしや》」という駅ができたのだが、都電にはひとつ北隣に雑司ヶ谷電停がすでにあった。副都心線と同じ名称では紛らわしい（が・ヶの差はあるが）として、大正生まれの超先輩格の方がわざわざ「都電雑司ヶ谷」と都電を冠する改称を行ったのである。本来なら後から来た方が先行者に合わせる、つまりこの場合は副都心線の駅名の方を「鬼子母神前」とするのが「礼儀」だろうに、地下鉄の方がエライということか、都電が改称を余儀なくされてしまった。雑司ヶ谷電停の現住所が「南池袋」であることも立場を悪くした原因かもしれない。都電の名誉のために付言しておくが、かつてはこの電停もレッキとした雑司ヶ谷町のエリア内であった。

●新幹線と飛行機の「駅名」はどうか

反対に、長距離を走る新幹線の駅名はスケールも大きい。たとえば新横浜《しんよこはま》駅である。もちろん横浜市内ではあるが、旧市街から遠く離れた鶴見川《つるみがわ》沖積地の田んぼだった場所で、たまたま横浜線が交差していたから駅ができたようなものだ。私は学生時代、まだ「こだま」しか停まらなかった頃に近所（大豆戸町《まめどちょう》）に住んでいたので、立派な区画だけできて草ばかり生えたエリアを覚えている。

駅前の市街地は今でこそ港北区《こうほく》新横浜という町名（昭和50年設定）になっているが、駅が設置された時は篠原町《しのはらちょう》の一部だった。しかし長距離を走る新幹線であるから駅名を「篠原」にするわけにはいかない。もし無理やり篠原にしたとして当時の駅名を並べてみると、東京・篠原・小田原《おだわら》・熱海《あたみ》……となってしまい、篠原の「縮尺の違い」は明らかだ。そもそも横浜に用がある人がどこで降りていいのかわからないではないか。そこで当然ながら新横浜という駅名が選ばれたのである。

そんなわけで、新幹線の駅には「新」が目立つ。新富士《しんふじ》、新神戸、新倉敷《しんくらしき》、新尾道《しんおのみち》、新岩国《しんいわくに》、新下関《しんしものせき》などである。このうち新倉敷と新下関は山陽《さんよう》本線と接続していながら、それぞれ旧来の玉島《たましま》と長門《ながと》一ノ宮《いちのみや》から改称した。どちらも市内では唯一の新幹線駅となったことから関係者人口も格段に増え、やはり「新つき」の駅名に改められたのである。

縮尺をさらに小さく広域にして考えてみよう。空港の名称はどうなっているだろうか。たとえば「遠くて不便」とマイナス評価の高い広島空港。広島駅からはリムジンバスで50

分（ダイヤ通りで）かかるが、三原《みはら》駅からなら38分である。そもそも広島空港を「広島市の空港」と思うから腹が立つわけで、広島県全体のための空港と捉《とら》えれば納得できないだろうか。大分空港も鹿児島空港も同様である。

日本で最大の国際線旅客機、同貨物機の発着を誇る成田《なりた》空港は、昭和53（１９７８）年に開港した当時は「新東京国際空港」と称していた。正式名称が成田国際空港となった今でも、外国からの航空券の行き先は相変わらずTOKYO／NRTである。海外からのお客さんも「遠いけど東京の空港」として捉えているはずだ。およそ60キロも離れているのに東京なのか、と表情を曇らせる人がいるかもしれないが、国際線が飛んで来る数千キロの彼方《かなた》から見れば、60キロなど誤差の範囲でしかない。同様に東京ディズニーリゾートを「あれは千葉県じゃないか」などとクサす意地悪がいるけれど、やって来るお客さんの対象エリア――たとえばアジア全体が載った地図の縮尺で見れば「東京」以外に選択肢はない。

「駅名には地名が採用される」というぼんやりした定義を検証するために、飛行機から路面電車の停まる場所の名称を見てきたが、その決定に大きく影響するのは乗降場所（空港、駅、停留場）の勢力圏である。駅の場合はこれを「駅勢圏」と呼ぶが、これを最初にふまえておけば「駅名のあり方」の基本がわかるのではないだろうか。

品川駅《しながわ》が品川区ではなく港区《みなと》にあり、目黒駅《めぐろ》が目黒区ではなくて品川区にあることがしばしば話題になる。その所在地との食い違いに反応し、「鉄道建設反対の伝説」まででっち上げてしまう論調も目立つけれど、駅勢圏と駅名の関係さえきちんと理解できていれば、隣駅が新橋《しんばし》と川崎《かわさき》だった明治5(1872)年にあっては、大きな町であった品川宿にもっとも近い所に設置したかったけれど、地形・地質的な条件が整った所を選んだらたまたま芝区《しば》(現港区)内になった、というだけの話だ。目黒駅も同様である。

私鉄が神社仏閣を名乗りたがる理由

●私鉄に目立つ「神社仏閣駅」

神社仏閣の名を用いた駅名は多い。とはいえ現存の寺社名がそのまま古くから同一の地名になっているものもあって、にわかに判断しにくいことは最初にお断りしておこう。たとえば四天王寺《してんのうじ》の上略形である関西本線・大阪環状線などの天王寺駅。中央本線の高円寺《こうえんじ》駅は同名の寺に由来する村名に由来し、18世紀初頭までは小沢(こざわ/おざわ)村と称した。それから尾張《おわり》国一ノ宮《いちのみや》にあたる真清田《ますみだ》神社の門前町である愛知県一宮市の東海道《とうかいどう》本線尾張一宮駅、武蔵《むさし》国一ノ宮の氷川《ひかわ》神社に由来するさいたま市大宮《おおみや》区の大宮駅などがそれだ。

　地名系を除いて明らかに神社仏閣を名乗ったものを思いつくままに挙げれば、まず神社では明治神宮前《めいじじんぐうまえ》（東京メトロ千代田線・副都心線）、穴守稲荷《あなもりいなり》（京急空港線）、亀戸水神《かめいどすいじん》（東武亀戸線）、松陰神社前《しょういんじんじゃまえ》（東急世田谷《せたがや》線）、大神宮下《だいじんぐうした》（意富比《おおひ》神社―京成本線）、三国《みくに》神社（えちぜん鉄道三国芦原《みくにあわら》線）、神宮前《じんぐうまえ》（熱田《あつた》神宮―名鉄名古屋本線・常滑《とこなめ》線）、伏見稲荷《ふしみいなり》（京阪《けいはん》本線）、近江神宮前《おうみじんぐうまえ》（同石山坂本《いしやまさかもと》線）、橿原神宮前《かしはらじんぐうまえ》（近鉄橿原線・南大阪線）、二上神社口《にじょうじんじゃぐち》（同南大阪線）、吉野神宮《よしのじんぐう》（近鉄吉野線）、服部天神《はっとりてんじん》・中山観音《なかやまかんのん》・売布《ぬふ》神社《じんじゃ》・清荒神《きよしこうじん》（阪急宝塚線）、長《なが》岡天神《おかてんじん》（同京都線）、門戸厄神《もんどやくじん》（東光寺《とうこうじ》―同今津《いまづ》線）、松尾大社《まつおたいしゃ》（同嵐山《あらしやま》線）、住吉大社《すみよしたいしゃ》（南《なん》海《かい》本線）、萩原天神《はぎはらてんじん》（同高野《こうや》線）、高須神社《たかすじんしゃ》（阪堺電気軌道阪堺線）、出雲大社前《いずもたいしゃまえ》（一畑《いちばた》電車）、味噌天神前《みそてんじんまえ》（熊本市電）など。

　寺では川崎大師《かわさきだいし》（平間寺《へいけんじ》―京急大師線）、神武寺《じんむじ》（京急逗子《ずし》線）、泉岳寺《せんがくじ》（同本線・都営地下鉄浅草《あさくさ》線）、豪徳寺《ごうとくじ》（小田急小田原線）、高幡不動《たかはたふどう》（金剛寺《こんごうじ》―京王京王線）、善光寺下《ぜんこうじした》（長野電鉄）、不動前《ふどうまえ》（瀧泉寺《りゅうせんじ》―東急目黒線）、鬼子母神前（法明寺《ほうみょうじ》―都電荒川線）、永平寺口《えいへいじぐち》（えち

ぜん鉄道勝山《かつやま》永平寺線）、東福寺《とうふくじ》（京阪本線）、滝谷不動《たきだにふどう》（明王寺《みょうおうじ》—近鉄長野線）、豊川稲荷《とよかわいなり》（妙厳寺《みょうごんじ》—名鉄豊川線）など数多いが、京都市内を走る京福電鉄北野《きたの》線には等持院《とうじいん》、龍安寺《りょうあんじ》、妙心寺《みょうしんじ》、御室仁和寺《おむろにんなじ》と4駅も寺の名が連続する。これは他の都市では見られない密度だろう。

●寺社への参詣客の重要性

さて、関東で最初にお目見えした電車といえば明治23（１８９０）年に東京市下谷《したや》区の上野《うえの》公園で行われた内国勧業博覧会のものだが、営業運転では神奈川県に先を越された。京急の前身である大師電気鉄道である。川崎の六郷《ろくごう》橋付近から大師への短区間だが、川崎駅前を起点としなかったのは、人力車組合の激しい反対があったからだ。要するに近距離輸送を担った彼らの主な行き先である大師へのルートに電車が走ってしまえば商売あがったり、という理由である。

千葉県で最初に走った電車は今はなき成宗《せいそう》電気軌道だ。明治43（１９１０）年に成田停車場前から成田山門前に至る区間を開業し、後に宗吾《そうご》まで延伸している。宗吾とはもともと地名ではなく（現在の町名・宗吾は昭和47年から）、義民で知られる佐倉惣五郎《さくらそうごろう》を祀《まつ》った宗吾霊堂への参拝客輸送を企図した電車だ。戦時中の昭和19（１９４４）年に廃止されたが、新勝寺《しんしょうじ》の門前町である成田へは明治30（１８９７）年に成田鉄道（現JR成田線）が佐倉〜成田間を開業し、その後は京成電気軌道（現京成電鉄）がその名の通り、東京と成田を結ぶべく明治42（１９０９）年に会社を設立している。ただし東京と成田は約60キロも離れており、全通までは長い時間がかかった。ついでながら京成も昭和３（１９２８）年に宗吾（現宗吾参道）駅を設けている。

　最初からこれだけの距離をいっぺんに建設できる資力はないので、まずは柴又《しばまた》の帝釈天《たいしゃくてん》と金町《かなまち》駅までを結んでいた帝釈人車軌道を買収した。人車とは文字通り人力で客車を後押しして参詣《さんけい》客を運ぶ原始的な小鉄道であったが、縁日などには臨時雇いを動員して複線の線路を頻繁に人車が行き交ったというから、最初の経営基盤を安定させるのに不可欠な路線として位置付けられたようだ。その後は船橋《ふなばし》延伸の際に現市川《いちかわ》市の中山法華経寺《なかやまほけきょうじ》の参詣客を狙い、中山停留場（現京成中山駅）を設けている。ライバルの総武《そうぶ》本線下総中山《しもうさなかやま》駅より法華経寺までの距離は３００メートルも近く、京成の利用者の方がかなり多かったという。

「電気鉄道ブーム」に沸いた明治30年代からの新規開業を見ると、ある程度以上の都市での市内電車型と神社仏閣参詣《さんけい》型、そして都市間連絡型の主に3つに分けられる。このうち市内電車型では最も古いのが京都電気鉄道（明治28年。最初の開業区間は京都〜伏見の都市間連絡型）で、次が名古屋電気鉄道（同31年）、少し遅れて東京馬車鉄道の線路を利用した東京電車鉄道（同36年）、大阪市電（同年）、横浜電気鉄道（同37年）などが続くが、神社仏閣参詣もしくは遊山タイプは前述の大師電気鉄道（明治32年）の他に江之島電気鉄道（同35年）、宮川電気（伊勢《いせ》神宮《じんぐう》。同36年）などがこの時期に登場している。京都電気鉄道も同37年には伏見稲荷へ参拝する人のために勧進橋《かんじんばし》〜稲荷《いなり》間（0・7キロ）の支線を開業した。

●帝釈天の縁日に本数倍増した京成電車

京成が船橋（現京成船橋）まで開業した翌年の大正6年7月、鉄道院が運転状況を調査した復命書（国立公文書館蔵）には興味深いことが書かれている。当時の路線は押上《おしあげ》〜船橋間の本線と高砂《たかさご》（現京成高砂）〜金町（現京成金町）間の支線から成り、通常本線はボギー車（4輪台車×2＝8輪。現在では通常の形式）6両を16分間隔で運転、支線は小型の単車（4輪車）1両が16分間隔で折り返し運転を行っていた。

ところが縁日にはこれが一変、運転系統からして都心と帝釈天を結ぶための押上～柴又間、それ以外の高砂～船橋間、柴又～金町間に分け、重要な押上～柴又間にはボギー車7両または8両、要するに大型の電車を可能な限り集めて8分間隔で運転するのに対して、高砂～船橋間はボギー車1両、単車3両を交えて20分間隔、柴又～金町間も単車1両を8分間隔で運転するとしている。

計算を簡単にするため、仮にボギー車の輸送量を単車の2倍とすれば、押上～高砂間の本線では輸送力を2倍、支線の高砂～柴又間は4倍（柴又～金町間は2倍）に増やすのに対して、高砂～船橋間は通常の半分に減らすことになる。それだけ帝釈天の縁日輸送の影響が大きいことをこの復命書は物語っているが、通勤通学客が大挙して電車に乗る現在のようなライフスタイルが出現し始めるのは大正も後半になってからで、それ以前の私鉄が、いかにハレの日の輸送に期待していたかがわかる。

●国鉄の神社仏閣駅は比較的少ない

私鉄の乗客に参詣客が重要な位置を占めていたことはわかったが、それでは当時の国鉄（鉄道院線）はどうだっただろうか。たとえば日本で最初の神社駅である京都の稲荷《いなり》駅（現奈良線）は旧東海道本線の駅として明治12（1879）年に開業した。伏見稲荷神社の門前であるが、稲荷は地名でもある（駅の所在地は京都市伏見区深草稲荷御前町《ふかくさいなりおんまえちょう》）。

他に古いもので挙げれば関西本線の法隆寺《ほうりゅうじ》駅（明治23年）がある。名刹《めいさつ》の最寄り駅ではあるが、江戸期から法隆寺村と称していた。ただし駅の所在地は隣村の富郷《とみさと》村大字興留《おきどめ》で、これは有名な寺名を選んだのだろう。というのも、関西《かんさい》本線はもともと大阪鉄道という私鉄（後に関西《かんせい》鉄道）で、関西鉄道となってからは東海道本線と名古屋〜大阪間の乗客獲得合戦を繰り広げたことで知られている。少しでも乗客を増やしたい私鉄が、現在より集客力の大きかった神社仏閣を駅名に採用したのは当然であろう。

実在の寺社が市町村名になっているものも多いので、神社仏閣名を採用したかどうかを見極めるのは難しいところもあるが、やはり国鉄系は相対的に少ないようだ。稲荷と法隆寺の他に戦前から存在する神社仏閣関係の駅を探してみたが、海岸寺《かいがんじ》駅（予讃《よさん》線・大正2年）、霧島神宮《きりしまじんぐう》駅（日豊《にっぽう》本線・昭和5年）、道成寺《どうじょうじ》駅（紀勢《きせい》本線・同）、禅昌寺《ぜんしょうじ》駅（高山《たかやま》本線・昭和6年）などは見つかったが、探すのは私鉄よりはるかに苦労する。JR身延《みのぶ》線に源道《げんどう》寺《じ》と善光寺《ぜんこうじ》のいずれも昭和初期に開業したものがあるが、昭和16（1941）年まで私鉄の富士身延《ふじみのぶ》鉄道だった（同13年に鉄道省が借り上げ）。

戦後にできた国鉄駅としては日豊《にっぽう》本線の宮崎神宮《みやざきじんぐう》駅が昭和29（1954）年に花ヶ島駅から改称して誕生、同32年には奈良線に東福寺駅ができた（京阪の同名駅に接続）。さらに同39年には土讃《どさん》線に円行寺口《えんぎょうじぐち》駅、同45年に鹿島《かしま》線の鹿島神宮《かしまじんぐう》駅、同63年に香椎《かしい》線の香椎神《かしいじん》宮《ぐう》駅が開業している。

●寺社を積極的に名乗りたい私鉄

いずれにせよ国鉄駅で神社仏閣名が少ない理由を考えてみると、国鉄の路線はそもそも蒸気機関車が牽引《けんいん》する列車が停まる駅である率が高い。特に戦前に設置された駅は行政村（現在の市町村よりずっと密度が高い）に原則1か所というのが暗黙の了解であったようで、その命名については村内の大字どうしの競争意識などを反映してか、歴史的に合併でできた行政村名が採用されることが多かった。たとえば千葉県の津田沼《つだぬま》駅は旧谷津《やつ》村に設置されたが「谷津駅」とはせず、谷津・久々田《くぐた》・鷺沼《さぎぬま》という合併3村の地名の末尾を並べた「津田沼村」の名を採っている。「村の代表駅」であるからには、もし駅の最寄りに比較的大きな寺社があったとしても除外される可能性が高かっただろう。

この傾向は国が私鉄を買収した際の改称に如実に表われていて、たとえば南武《なんぶ》鉄道が昭和19（1944）年に戦時買収されて南武線となった際に、日本電気前↓向河原、日本ヒューム管前↓津田山《つだやま》、久地《くじ》梅林↓久地などという具合に改称された。「公共交通」を前面に出すべき国鉄に対し、乗客数を伸ばすのが至上命題である私鉄としては、参詣客を少しでも取り込める可能性がある限り、寺社の場所がたとえ少しばかり離れていても、それらの名称を積極的に採用していこうとする動機は十分にある。京王電気軌道（現京王電鉄）は昭和12（1937）年にいくつかの駅名を同時に改称したが、上高井戸《かみたかいど》↓芦花公園《ろかこうえん》、関《せき》戸《ど》↓聖蹟桜ヶ丘《せいせきさくらがおか》、百草《もぐさ》↓百草園、高幡《たかはた》↓高幡不動という改め方を見ると、そのあたりの方針がひしひしと伝わってくる。

地元の地名より東・西・南・北・新・中央

●東・西・南・北・中……の浦和駅

さいたま市には北浦和《うらわ》・浦和・南浦和・東浦和・西浦和・中浦和・武蔵《むさし》浦和・浦和美園《みその》と浦和のつく駅が8つも存在する。旧浦和市内の駅が9つで、そのうち隣市を名乗っていた与野《よの》駅（今もさいたま市浦和区）を除けば100パーセント「浦和」がつく徹底ぶりだ。

このうち最初にできたのはもちろん浦和駅で、東北本線がまだ私鉄の日本鉄道だった明治16（1883）年7月28日の開業である。同鉄道が上野《うえの》〜熊谷《くまがや》間の38マイル（約61・2キロ）を初めて開通させて以来の駅で、この時点の途中駅は王子《おうじ》、浦和、上尾《あげお》、鴻巣《こうのす》の4駅だけだった。平均駅間距離は12・2キロにも及ぶ。今では埼玉県最大の乗降客数を誇る大宮《おおみや》駅もない。同駅は2年後の同18年に宇都宮《うつのみや》方面への「支線」が開通した時に分岐駅として誕生したもので、赤羽《あかばね》駅も同年に支線・山ノ手《やまのて》線（現山手線・埼京《さいきょう》線）が通じた時の開業である。

北足立《きたあだち》郡浦和町には明治4（1871）年に埼玉県が始まった時点から県庁が設置された。それでも明治22（1889）年の町村制施行時の人口は、県内最大であった川越《かわごえ》町（現川越市）の4分の1以下の3524人に過ぎなかったが、いやしくも県庁所在地であるから師範学校や医学校、中学校（旧制）などがいち早く設置され、大正に入ると高等学校（旧制）もできた。もちろん地方裁判所や刑務所なども備えた県行政の中心地として発展は著しく、それでも全国の県庁所在地では最も遅く、県内でも4番目の昭和9（1934）年に市制施行、めでたく浦和市が誕生した。

東西南北を名乗る駅のうち、最初に登場したのは昭和11（1936）年の北浦和駅である。その4年前の同7年には国鉄京浜《けいひん》線が大宮まで運転区間を延長して「東北・京浜線」となり、北浦和駅はその電車の停車駅となった。浦和駅もやはり電車駅で、昭和7年以来は中長距離列車が赤羽～大宮間を通過しており、県庁所在地の代表駅なのに普通列車が通過するという全国唯一の事例であった。全部の普通列車が停車するようになったのは半世紀後の昭和57（1982）年のことである。

戦後になると東京近郊の通勤圏として都市化が著しく、昭和36（1961）年には南浦和駅ができた。そんな中で都心部へ集中する貨物列車を分散すべく、首都圏環状鉄道たる武蔵野《むさしの》線が計画され、同48年には同線が開通し、南浦和駅で交差するようになる。その東西には東浦和と西浦和の2駅が設けられ、これで東西南北が揃った。

しかし「浦和シリーズ」はこれで終わらず、さらに輸送力増強が求められた東北本線のバイパス線として埼京線が昭和60（1985）年に開業、中浦和駅と武蔵浦和駅が追加された。このあたりになると、国鉄の担当者も「浦和でパーフェクト」を密《ひそ》かに目指していたのではないだろうか。後者は武蔵野線との交点に新設されたものである。

そして最後が埼玉高速鉄道の浦和美園駅。今世紀に入ったばかりの平成13（2001）年3月28日、合併でさいたま市が誕生する約1か月前の開業で、埼玉スタジアム2002

の最寄り駅として知られているが、ＪＲ線以外で浦和を名乗るのは初めてだ。

●「浦和シリーズ」の原地名

さて、この浦和シリーズが設置された住所（小字・地番等を除く）を見ていこう。ただし駅名命名の背景を探るために設置当時のものを掲載する。浦和駅のみ明治22（１８８９）年の町村制施行時のものだ。なお駅名の次のカッコは開業年、末尾の〔　〕内が現在の所在地で、その後は駅名に合わせて町名を変更したものが目立つ。それにしても、これだけ東西南北が溢《あふ》れていれば、「南浦和駅の西口」で待ち合わせたのに相手が「西浦和駅の南側」で待っていてついに会えなかった類《たぐい》のトラブルは、携帯電話が普及する以前はさぞ多かったに違いない。

浦和駅（明治16年）　埼玉県北足立郡浦和町大字浦和宿〔浦和区高砂《たかさご》一丁目〕
北浦和駅（昭和11年）　浦和市大字針ケ谷《はりがや》〔浦和区北浦和三丁目〕
南浦和駅（昭和36年）　浦和市大字大谷場《おおやば》〔南区南浦和二丁目〕
西浦和駅（昭和48年）　浦和市大字田島《たじま》〔桜区田島五丁目〕

東浦和駅（昭和48年）　浦和市大字大牧《おおまき》〔緑区東浦和一丁目〕
中浦和駅（昭和60年）　浦和市大字鹿手袋《しつてぶくろ》〔南区鹿手袋《しかてぶくろ》一丁目〕
武蔵浦和駅（昭和60年）　浦和市大字別所《べつしょ》〔南区別所七丁目〕
浦和美園駅（平成13年）、浦和市大字大門《だいもん》〔緑区美園四丁目〕

もしこれら「東西南北……」の駅がかつての所在地通りに北浦和駅が「針ヶ谷駅」、南浦和駅が「大谷場駅」、西浦和駅が「浦和田島駅」、東浦和駅が「大牧駅」、中浦和駅が「鹿手袋駅」、武蔵浦和駅が「浦和別所駅」だったとすれば、間違って降りたり待ちぼうけしたりの件数はずいぶん減っただろう。特に鹿手袋駅などは一度聞いたら忘れない。ちなみにここで私が「浦和」を冠した駅は、他にすでに同名の駅があるものだ。すなわち東武佐野《さの》線の田島駅、京阪石山坂本線の別所駅（平成30年に大津市役所前《おおつしやくしょまえ》と改称）である。

最も新しい浦和美園駅は終点でもあり、誤乗のおそれはあまりない。駅名は昭和37（1962）年までの旧村名・美園村が地区名として用いられており、それを新駅名としたものだ。駅周辺の地区は当初は大字大門のエリアだったが、後に美園という町名に変わっている。美園村とは昭和31（1956）年に大門・野田《のだ》・戸塚《とづか》の3村が合併した際に「三」

を「美」に変え、田園的な園を加えて瑞祥《ずいしょう》地名化したものだ（同37年に浦和・川口両市に編入して消滅）。

歴史的地名を尊重する立場からすれば、そんな人工的な瑞祥地名より日光御成《にっこうおなり》街道の大門宿の名をとって武州《ぶしゅう》大門（これは戦前に廃止された武州鉄道の旧駅名でもある）、もしくは大門宿駅とすればはるかに良かった。東京メトロ南北線の白金高輪《しろかねたかなわ》駅ホームで待っていたら「大門宿行き」の電車が来ると考えただけでも楽しくなってくる。

●いろいろな事情で「東西南北」に変更した駅

浦和の事例はいずれも最初から東西南北を冠しているが、中には歴史的地名に由来する駅名をわざわざ東西南北つき駅名に改称した例もある。知名度もしくは利便性を上げようとする地元の要請も見え隠れするけれど、その駅が意外な「出世」を遂げてしまうなどして、新幹線の駅名で言及したように「ローカルな駅名」が不適切となったものもある。地名尊重の立場からしても無理からぬ事例も少なくない。

最もわかりやすいものは鹿児島本線の南福岡駅だろうか。この駅は明治23（1890）年に鹿児島本線の前身である九州鉄道が雑餉隈《ざっしょのくま》駅として開業した。この難読駅は地元の歴史的地名に由来するが、中世の荘官の名である「雑掌《ざつしょう》」と御笠川《みかさがわ》の蛇行（＝クマ・隈）を合わせたとされる。現在も大野城《おおのじょう》市雑餉隈町として現役で、並行する西鉄天神大牟田《てんじんおおむた》線には雑餉隈駅が健在だ。

　さて国鉄の話に戻るが、鹿児島本線の電化に合わせて南福岡電車区が昭和35（１９６０）年に開設されて以降、当然ながら雑餉隈止まりの電車が多く登場した。ところが乗客にはこの駅名を初めて聞く人も多く、それが博多《はかた》の手前か先かわからないと苦情が続出したそうで、電車区名に合わせて昭和41（１９６６）年に南福岡と改めている。

　鹿児島中央駅も最近まで西鹿児島駅と称していた。大正２（１９１３）年に川内《せんだい》線の途中駅として開業した際には地区名を採って武《たけ》駅と称した。ところが後に市街地が西へ大きく発展し、鹿児島電気軌道（現市電）も接続、八代《やつしろ》〜鹿児島間の鹿児島本線が内陸の人吉《ひとよし》経由から川内経由となった影響で、鹿児島駅に代わって徐々に市中心駅の地位を獲得していく。そこで鹿児島本線となった昭和２（１９２７）年、西鹿児島と改めている。鹿児島中央の現駅名となったのは九州新幹線が平成16（２００４）年に開業したタイミングだ。武→西鹿児島→鹿児島中央と「出世の階段」を順調に昇った駅である。

　同様の先例が新潟県の信越《しんえつ》本線 東三条《ひがしさんじょう》駅だ。明治30（１８９７）年に私鉄の北越鉄道が開業した時には三条の東隣で「一ノ木戸《いちのきど》」と称している。所在地の村名をつけたものだが、明治34（1901）年には合併で三条町の一部となった。変化が訪れるのは大正14（1925）年で、越後鉄道の支線（現JR弥彦《やひこ》線）が吉田《よしだ》方面から延伸、燕《つばめ》からここ一ノ木戸までが通じて乗換駅となったのである。おそらくこれを受けて、翌15年には東三条に改称した。大正14（1925）年の時刻表によれば1日1往復のみの急行は三条駅に停車しているが、翌15年11月の時刻表では停車駅が隣の東三条駅に変更され、三条は通過となった。

●能代→機織→東能代

奥羽《おうう》本線の東能代《ひがしのしろ》駅は興味深い変遷をたどっている。最初は明治34（1901）年に能代駅（初代）として開業した。能代の市街へは4キロ近くあるのだが、奥羽本線としてはこれでも精一杯寄り道した結果である。その後は同41年に能代町の中心部に近い場所まで支線が延伸され、「能代町貨物取扱所」という名の貨物駅ができた。この取扱所が現在の五能《ごのう》線能代駅である。翌42年にはこの区間に旅客列車が運転されるようになり、それを機に能代駅の名は中心部に近いそちらへ譲り、本線上の能代駅は駅前の集落名・機織《はたおり》（旧榊《さかき》村機織。駅そのものは旧扇渕《おうぎふち》村鰄渕《かいらげふち》を採って機織と改称した。

さらに現在の東能代に再改称されるのは戦時中の昭和18（1943）年のことである。これは同15年に駅前の榊村と能代港町《のしろみなとまち》、東雲村《しののめ》（米代川《よねしろ》の北側）の3町村合併で能代市が誕生したこと、さらに同17年には駅所在地の扇渕村も同市に編入されたことなどが影響したのだろう。

青森県の八戸《はちのへ》駅も似た事例で、もともと八戸駅は支線の八戸線上にあったが、やはり幹線を走る列車の乗客にわかりやすいよう、東北本線上の乗換駅であった尻内《しりうち》駅を昭和46（1971）年に八戸と改称したものだ。これに対応して旧八戸駅は本八戸《ほんはちのへ》と改称されている。

同名の駅のまぎらわしさを回避するために東をつけた初期の例が佐賀県のJR唐津《からつ》線東《ひがし》多久《たく》駅だろうか。明治36（1903）年に九州鉄道（旧唐津興業鉄道）が地元の地名による別府《べふ》駅を開業したのだが、国有化後の同44年6月、大分県に豊州《ほうしゅう》本線（現日豊本線）別府《べっぷ》駅が翌月に開業するのを前に所在地の村名（東多久村）に従って東多久と改めている。読みは違うが同名の有名な温泉地（現大分県別府市）の駅名と混同されないための「委譲」である。

信越本線の北高崎《きたたかさき》駅も同名回避タイプだろう。大正8（1919）年の改称だが、旧駅名は飯塚《いいづか》で、福岡県の主要駅と同じだ。この時期の同名駅は国名を冠して同一を避けることが広く行われているから、上州《じょうしゅう》飯塚という改称の選択肢があったかもしれない。ただし群馬県は上野《こうづけ》国にもかかわらず、上り列車が向かう東京・上野駅との混同を避けるためか県内に「上野」のつく駅名はない。具体的には上信電鉄は上州新屋《にいや》、上州富岡《とみおか》、上州七日市《なのかいち》などすべて上州、旧国鉄は群馬八幡《やわた》（信越本線）、群馬藤岡《ふじおか》（八高《はちこう》線）、群馬原町《はらまち》・群馬大津《おおつ》（吾妻《あがつま》線）、群馬総社《そうじゃ》（上越《じょうえつ》線）などすべからく県名を名乗る（群馬総社はたまたま旧群馬郡だが、それ以外は他郡）。

●東西南北駅は昭和の大合併で増えた？

あたかも「寄らば大樹の陰」のように、著名な都市に東西南北をつける改称は主に戦後に目立つ。これは昭和28（1953）年施行の町村合併促進法に基づく「昭和の大合併」もひとつの背景に挙げられるかもしれない。たとえば信越本線（現しなの鉄道）の上田《うえだ》駅の西隣に位置する北塩尻《きたしおじり》駅は小県《ちいさがた》郡塩尻村にあったが、昭和29（1954）年に上田市に編入されており、その2年後に西上田と改称したのはこれと無関係ではないだろう。ちなみに同駅は開業時に塩尻村大字上塩尻と下塩尻の境界付近に位置し、本来なら村名に合わせて塩尻駅となるところ、県内には中央本線と篠ノ井《しののい》線の分岐駅である塩尻駅（現塩尻市）があって紛らわしい。そこで北方に位置することから「北塩尻」と命名されたものだ。

東武伊勢崎《いせさき》線の北越谷《きたこしがや》駅も同様で、旧駅名の武州大沢《ぶしゅうおおさわ》は南埼玉郡大沢町《おおさわちょう》にあったが、昭和29（1954）年に越ヶ谷《こしがや》町などと合併して越谷町となった2年後に武州大沢から北越谷へと改称している（市制は同33年）。こちらは少し複雑で、最初はこの駅が初代越ヶ谷駅で、武州大沢と改称したのは現越谷駅（2代目越ヶ谷）ができる前年のことだ。

信越本線（現しなの鉄道）の吉田《よしだ》駅が北長野《きたながの》駅に変わったのは合併とは直接関係なさそうだ。上水内《かみみのち》郡吉田町が長野市内となったのは大正12（1923）年で、改称は34年後の昭和32（1957）年である。『国鉄全線各駅停車⑥ 中央・上信越440駅』（小学館）によれば「長野電鉄の信濃吉田駅と紛らわしい」という理由から改称したそうだ。それほど遠くない新潟県の越後・弥彦線吉田駅との同名も遠因だろうか。

昭和30〜40年代は東西南北のつく改称が目立ち、昭和32（1957）年には東北本線（京浜東北線）の下十条《しもじゅうじょう》駅が東十条、同34年には京王線の上石原《かみいしはら》駅が西調布《にしちょうふ》、同35年には長野電鉄の豊洲駅（旧村名にちなむ）が北須坂《きたすざか》、同36年には西大寺《さいだいじ》駅が東岡山《ひがしおかやま》と改めている。最後の西大寺は建設中だった国鉄赤穂《あこう》線が翌年に西大寺市街（現岡山市）の最寄りに新たに西大寺駅を設置するのを前に改称したものだ。

●高度成長期に加速する東・西・南・北・新

昭和38（1963）年には東北本線の陸前中田《りくぜんなかだ》駅が南仙台《みなみせんだい》、日豊本線の岩脇《いわわき》駅が南日向《みなみひゅうが》と改称、同44年には山陽本線の己斐《こい》駅が西広島《にしひろしま》、越後線の比角《ひすみ》駅が東柏崎《ひがしかしわざき》、同48年には山《さん》陰《いん》本線の馬潟《まかた》駅が東松江《ひがしまつえ》に変わった。同時期に信越本線（現しなの鉄道）では昭和31（1956）年に沓掛《くつかけ》駅が中軽井沢《なかかるいざわ》と変わり、識者たちを嘆息させたのは昔話かもしれないが、「ついに軽井沢ブランドが隣の宿場町に持ち込まれたか」ということだ。軽井沢町役場がこの旧沓掛宿に置かれたのも理由らしいが。

その後も小林一茶《こばやしいっさ》の故郷の宿場町を名乗る柏原《かしわばら》駅が山名の黒姫《くろひめ》（昭和43年）に、また次駅の北国《ほっこく》街道の関所が置かれた村の田口《たぐち》駅は妙高高原《みょうこうこうげん》（昭和44年）と相次いで改称されており、このあたりになると明らかな観光改称と言えそうだ。「わかりやすさ」を求める世の中の空気を反映したのかもしれないが、観光客の増加が地元に貢献することが実感された時代だからか、駅名で「人寄せ」する手法が広まったのだろう。

さて、昭和48（1973）年に開通した武蔵野線は、東京の山手貨物線に過度に集中する貨物列車を都心に集めずに通過させようとするものであったが、さすがに戦後の首都圏では既存の鉄道駅周辺は市街地のため接続が難しく、既存鉄道とは駅のない所で交差することとし、そこに新駅を設けた。このためもあって必然的に「東西南北」が多い。

同年に開業した当初の旅客駅を起点の府中本町《ふちゅうほんまち》から挙げれば、北府中、西国分寺《にしこくぶんじ》、新小平《しんこだいら》、新秋津《しんあきつ》、東所沢《ひがしところざわ》、新座《にいざ》、北朝霞《きたあさか》、西浦和、南浦和、東浦和、東川口《ひがしかわぐち》、南越谷、吉川《よしかわ》、三郷《みさと》、南流山《みなみながれやま》、新松戸《しんまつど》である。新座、吉川、三郷の3駅を除けばすべて東・西・南・北・新がついた。現在では武蔵浦和、越谷レイクタウン、吉川美南《よしかわみなみ》、新三郷と4つの中間駅が順次増えている。

●中・中央・本・本町で「都心」を主張

中浦和のように新しくないものでも、「中」のつく駅は戦前からあった。ただし広域の地名が上中下に分かれた村名などに基づく中標津《なかしべつ》（標津《しべつ》線・廃止）、中目黒《なかめぐろ》（東急東横《とうよこ》線）、中板橋《なかいたばし》（東武東上《とうじょう》線）などが主で、「市街の中心」をアピールしていたものは少ない。今はなき中千住《なかせんじゅ》（東武伊勢崎線・廃止）、中鶴来《なかつるぎ》（北陸鉄道石川線・廃止）、中滑川《なかなめりかわ》（富山地方鉄道本線）あたりが戦前からのもので、それほど多くはない。

戦前は中よりも「本」や「本町」が目立つ印象だ。古いものでは明治29（1896）年開業の本千葉《ほんちば》駅がある。房総鉄道時代の開設で、現在の駅は戦後に移転したものだ。同35年には石川県の七尾《ななお》鉄道が従来の津幡仮駅を改めて本津幡《ほんつばた》駅としている。本諫早《ほんいさはや》駅は島原鉄道が明治44（1911）年に開業した。これらはいずれも都市の中心から少し離れていた幹線の駅の次駅として市街近くに設けられており、市街地に御用ならこちらの「本」へ、と案内したくなる気持ちはわかる。

大正以降は宮城電気鉄道（現仙石《せんせき》線）が本塩釜《ほんしおがま》駅を大正15（1926）年に開業、兵庫県では市街から遠く離れた山陽本線竜野《たつの》駅よりはるかに便利な本竜野《ほんたつの》駅が姫新《きしん》線（当初は姫津《ひめつ》線）にお目見えしたのは昭和6（1931）年のことだ。ついでながらこの駅は現在「たつの市龍野町《たつのちょう》にある本竜野駅」で、タツノの表記はすべて異なっている。

少し気の毒なのが西武新宿線の本川越《ほんかわごえ》駅だ。この駅は明治28（1895）年開業の由緒ある川越駅であったが、昭和15（1940）年に国鉄川越線が開業、東武東上線川越西町駅（現川越駅）に接続した駅の名を「川越」としたため、西武が改称を迫られたものだ。「官尊民卑改称」の代表例である。小田急の本厚木《ほんあつぎ》駅は昭和19（1944）年に相模《さがみ》厚木から改称されたものだが、厚木駅（JR相模線）が相模川左岸の現海老名《えびな》市に先にできてしまったので、やむを得ず「本」と名乗っている。昭和35（1960）年の七尾線中津幡《なかつばた》駅（石川県津幡町）、翌36年の長崎県の松浦《まつうら》線（現松浦鉄道）中佐世保《なかさせぼ》駅などがそれだが、戦後に目立ってくるのはそれより「中央」である。

同様の例では本町もあり、これも正式な「本町」の町名がなくても中心を表わす語として用いられてきた。大津電車軌道（現京阪石山坂本線）の膳所本町《ぜぜほんまち》駅（大正2年）、南武鉄道（現JR南武線）の府中本町駅（昭和3年）、小田急江ノ島《えのしま》線の藤沢本町《ふじさわほんまち》駅と神戸有馬電気鉄道（現神戸電鉄）の三田本町《さんだほんまち》駅（同4年）、富士身延鉄道（現JR身延線）の市川本町《いちかわほんまち》駅（同5年）などが戦前の設置である。市川本町を除いていずれも先行開業した他線の駅——膳所、府中、藤沢、三田などを意識しての命名だ。戦後にはさらに岳南鉄道（現岳南電車）の吉原本町《よしわらほんちょう》（昭和24年）、二俣《ふたまた》線（現天竜浜名湖鉄道）の二俣本町《ふたまたほんまち》（同31年）がいずれも静岡県に誕生している。そのあたりで流行は終焉《しゅうえん》を迎えたようだ。

●ニュータウンは「中央」へ

戦前からあった「中央」を名乗る駅は、昭和3（1928）年開業の上毛電鉄中央前橋《まえばし》駅、同5年に開業した湘南電気鉄道（現京急本線）横須賀《よこすか》中央駅ぐらいだろうか。これが戦後は昭和27（1952）年に弘前電気鉄道（現弘南鉄道大鰐《おおわに》線）のターミナルに中央弘前《ひろさき》駅が誕生した程度だが、高度成長期以降は「ニュータウンのまん中」を意味する中央駅が続出するようになった。

そのトップが日本の大規模ニュータウンの嚆矢《こうし》、千里《せんり》ニュータウン（大阪府）の千里中央駅である。開業は大阪万博が開かれた昭和45（1970）年で、地下鉄御堂筋線と直通する北大阪急行の終点。同53年には兵庫県川西《かわにし》市の北隣に位置する猪名川町《いながわちよう》の日生《につせい》ニュータウンに、日生中央駅ができた。

首都圏では千葉ニュータウン中央駅が昭和59（1984）年、同62年には神戸市営地下鉄の終点として西神《せいしん》中央駅が開業している。平成に入ると同2年に相模鉄道いずみ野線いずみ中央駅、同4年には仙台市営地下鉄の終点・泉《いずみ》中央駅ができた。同8年には神戸電鉄公園都市線の終点としてウッディタウン中央駅が開業している。

いよいよカタカナが出てきたが、ここまで登場していない多摩《たま》ニュータウンでは「多摩センター」駅を名乗った（小田急・京王は冠称、多摩都市モノレールは単に多摩センター）。横浜市の港北ニュータウンでもこれを踏襲したのか横浜市営地下鉄（ブルーライン・グリーンライン）のセンター北駅・センター南駅（どちらも現ブルーラインは平成5年開業）が開業している。

●「新」は新幹線が最初ではない

新をつけた駅名は新幹線ですっかりポピュラーになったが、昭和39（1964）年の東海道新幹線の開業時に新横浜、新大阪が登場（後に新富士も）、後の山陽新幹線にはさらに新神戸、新倉敷、新尾道、新岩国、新山口、新下関の6つが加わった。東海道新幹線の新の駅もすでに半世紀を超えてだいぶ年季が入ったが、現存する「新つき」の駅で最も古いのはどこか調べてみたところ、どうやら群馬県伊勢崎市にある東武伊勢崎線・新伊勢崎駅と京急新子安《しんこやす》駅（開業時は新子安で、国鉄駅が開業した際に京浜新子安と改称）らしい。どちらも明治43（1910）年3月27日の開業だから、すでに1世紀以上を経ている。まったく同日で「新」つきというのは偶然の一致だろうか。

それより古い「新」つき駅名が平成17（2005）年に名鉄一宮《いちのみや》に変わった新一宮駅（名古屋鉄道・開業時は新一ノ宮）であった。当初は尾西鉄道（現名鉄尾西線）で、こちらは明治33（1900）年頃に一ノ宮から改称したもので、新伊勢崎などより10年は年長だった。

新のつく理由は主に既存駅と違う別会社または別路線の駅ながら、駅の役割としては既存駅に競合・拮抗《きっこう》するもの、またはその意気込みを有するものが多い。もしくは少し離れているため同駅名を名乗るのを遠慮したもの、既存駅の近くの新開発地区や本来の中心地などを名乗るものなど種類は多い。国鉄に並行していた私鉄の駅では新安城《あんじょう》（名鉄・今村から改称）、新鵜沼《うぬま》（名鉄犬山《いぬやま》線など）、新王寺（近鉄田原本線）、新大平下《おおひらした》（東武日光線）、新御茶ノ《おちゃの》水《みず》（東京メトロ千代田線）、新可児《かに》（名鉄広見《ひろみ》線）、新桐生《きりゅう》（東武桐生線）、新高円寺（東京メトロ丸ノ内線）、新静岡・新清水《しみず》（静岡鉄道）、新津田沼（新京成電鉄）、新豊橋《しんとよはし》（豊橋鉄道渥美《あつみ》線）、新西金沢《しんにしかなざわ》（北陸鉄道石川線）、新浜松《しんはままつ》（遠州鉄道）など非常に多い。

もともとの地名に新がついていた新加納《かのう》駅（名鉄各務原《かかみがはら》線）、施設そのものが新しくなった新千《ち》歳空港《とせくうこう》駅（千歳線）などもある。

●ドイツの東西南北中駅

「わかりやすさ」の観点ではドイツの「東西南北中」の波ははるか昔に押し寄せたようだ。たとえばミュンヘン東駅は１８７６年にミュンヘン・ハイトハウゼン駅から改称したものだし、ニュルンベルク東駅も1885年にザンクト・ヨープスト駅から改称している。19世紀末の話だが、戦後の例ではヴッパータール中央駅が比較的新しい改称だ。同市はエルバーフェルト、バルメンの2都市ほかが1929年に広域合併し、翌年ヴッパー川の谷を意味するこの市名が誕生したのだが、主要な駅はエルバーフェルト駅とバルメン駅（双方にヴッパータールを冠する）が併立していた。それが1992年にヴッパータール・エルバーフェルト駅をヴッパータール中央駅と改称している。たとえてみれば小倉《こくら》駅が「北九州駅」となったようなものだろうか。

「キラキラ駅名」はなぜ生まれるか

山手線が走る線路（東海道線）に約半世紀ぶりの新駅ができるということで、駅としては珍しいほど大きな話題になった。駅名の決定に際してはJR東日本が広く一般から公募、平成30（2018）年6月5〜30日の募集期間中に集まった駅名案は6万4052件（1万3228種類）にものぼっている。駅の場所は広大な車両基地の跡地再開発地区で、都心部に9・5ヘクタールというまとまった土地は今後まず出現しそうもない。

そして締切から半年後、同年12月4日に発表されたのは「高輪《たかなわ》ゲートウェイ」であった。公募でダントツ1位だったのは「高輪駅」の8398件、2位が「芝浦《しばうら》駅」で4265件、以下は芝浜《しばはま》、新品川、泉岳寺《せんがくじ》、新高輪、港南《こうなん》などが続いている。「高輪ゲートウェイ」は130位の36件であったことから、これでは公募にした意味がないという批判も集まっているようだが、最初からJR東日本も「多数決で決める」とは言っておらず、そもそも民間企業の施設名なのだから、第一義的に命名権が同社にあるのは間違いない。

参考までに新駅予定地は港区港南二丁目で、町名は昭和40（1965）年に命名された新しいもの。それ以前は芝高浜町、芝海岸通《しばかいがんどおり》その他であった。芝が目立つが、これは「旧芝区内」であった履歴を示すに過ぎず、大正初期まではすべて海面であった。駅予定地に最も近い陸地の現住所は高輪二丁目である。

●「ゲートウェイ」は既定路線か

JR東日本が発表したプレスリリースはその選定理由を次のように述べている。

この地域は、古来より街道が通じ江戸の玄関口として賑《にぎ》わいをみせた地であり、明治時代には地域をつなぐ鉄道が開通した由緒あるエリアという歴史的背景を持っています。

新しい街は、世界中から先進的な企業と人材が集う国際交流拠点の形成を目指しており、新駅はこの地域の歴史を受け継ぎ、今後も交流拠点としての機能を担うことになります。

新しい駅が、過去と未来、日本と世界、そして多くの人々をつなぐ結節点として、街全体の発展に寄与するよう選定しました。

再開発地区のプロジェクトは「グローバル ゲートウェイ 品川」と名づけられ、その名称はすでに平成27（2015）年にJRが出した都市計画概要のパンフレットに明記されていた。ここには「国際交流拠点の形成イメージ」として「人々の移動と交流をスムーズで活発にしていく先進テクノロジーの育成」「世界の模範となる、環境・経済の両面で持続可能な都市開発モデルを確立」「交通ネットワークが結ぶ人や地域の魅力を循環し育てる仕組み」といった文言が躍っており、漠然ながらバラ色の未来構想が描かれている。想像するに重要キーワードの「ゲートウェイ」はすでに内定しており、公募結果はその頭に付ける地名の参考に用いただけと考えても不思議はない。

高輪という地名は江戸期から広域の通称として用いられていたようで、高鼻和、高名輪、高縄、高畷とも書いたという。畷《なわて》（縄手）は田畑の中の道、まっすぐな一本道などを指すが、高鼻和の表記からはハナワ（微高地）との関連もうかがえる。地形的には海沿いの高台で、東側（品川駅の方）は崖になっているため、高さがひときわ強調されたのだろう。

いずれにせよ数百年は経《た》つ古くからの地名で、京都から来る東海道はこの崖下が江戸の入口だった。ここに関門としての高輪大木戸《おおきど》が設けられたので、これを後付けで「ゲートウェイ」に関連させたようだ。これまで高輪エリアには泉岳寺駅と高輪台《だい》駅（都営地下鉄浅草《あさくさ》線）、それに白金《しろかね》高輪駅（同三田線・東京メトロ南北線）が設けられているが、「高輪駅」そのものはない（厳密に言えば昭和初期まで京浜《けいひん》電気鉄道〔現京急〕に高輪駅が存在）。わざわざ山手線・京浜東北線の電車のためにその駅名が来るのを待っていた（？）かのような状態だから、もしこれが「ゲートウェイ」といった商業的思惑を帯びた夾雑物《きょうざつぶつ》を含まない「高輪」で決まったとすれば実にぴったりくる。周囲の山手線の駅名である田町《たまち》駅、品川駅、大崎《おおさき》駅、五反田《ごたんだ》駅、目黒《めぐろ》駅のように歴史的地名シリーズの仲間入りするにふさわしい。

●ニュータウン販売は駅名の差別化で

再開発でも商業施設でもスタジアムでも、何かを大々的に売り込もうとするとき、日本ではしばしば外国語を含む造語を前面に出してきた。既存の地名や概念ではいけない。気宇壮大でいて、しかし誰もが理解できるワードは避け、わかったような、わからないような漠然とした、でもみんなが憧《あこが》れる雰囲気を持つ新造の固有名詞が好まれるのだ。そう、まさに広告代理店が得意とする分野である。

地名や駅名の分野で、最もそれが発揮されてきたのは新興住宅地——ニュータウンだろうか。その典型が民営最大規模を誇る東急多摩田園都市だ。この「田園都市」という言葉も歴史は古く、そもそも英国で始まったガーデンシティを翻訳し、日本に適した流儀で導入したものである。大正7（1918）年に田園都市株式会社が立ち上げられ、東京市の南西郊外に優良住宅地を供給した。その新しい街に住む人を都心へ運ぶ役目を果したのが子会社の目黒蒲田《めぐろかまた》電鉄で、これが今の東急になっている。田園調布《でんえんちょうふ》という地名は、そもそも荏原《えばら》郡調布村に開発された田園都市・多摩川台住宅地に由来する駅名（大正15年に調布から改称）が先で、大森《おおもり》区の町名に採用されたのはその6年後のことだ。

戦後も引き続き東急は田園都市開発に力を注ぎ、川崎市から横浜市にかけての多摩丘陵に50平方キロに及ぶ広大なニュータウンを計画する。新住民の輸送の軸となるのはその名も田園都市線で、新しい街の北の中心と位置づけられた駅には、当時の東京急行電鉄社長・五島昇《ごとうのぼる》がじきじきに「たまプラーザ」と命名した。プラーザはスペイン語で広場を意味するが、英語でないところがミソだ。昭和40年代といえばカタカナ英語は巷《ちまた》に氾濫《はんらん》しており、ワンランク上の街をアピールするのには、ひとひねり必要だったのだろう。

多摩田園都市のエリアでは、在来の歴史的地名に由来しないこのたまプラーザの他にも青葉台《あおばだい》、藤が丘《ふじおか》、あざみ野といった駅名が誕生し、町名としては、しらとり台、さつきが丘、もえぎ野、美しが丘《うつくおか》などが旧来の大字・小字地名の多くを排除して設定された。当然ながら当時の既存集落といえば基本的に農村であり、小金持ちサラリーマン層をターゲットとする不動産商品の販売にあたっては、何としてもそれら在来地名に対して「差別化」することが必要だったのである。

宅地を造成して「都市」と名づける手法は、小田急も戦前に「林間都市」で実現させた。東林間《ひがしりんかん》、中央林間、南林間の3駅がその名残だが、昭和16（1941）年まではそれぞれ東林間都市、中央林間都市、南林間都市と「都市」が付いていた。しかし当時としては都心から離れ過ぎていたためか売れ行きは芳しくなく、いつまで経っても「林間」を脱し得なかったため削除したらしい。皮肉にも都市化が進んだのは「都市」を外して20年ほど経った戦後の高度成長期であった。

都市といえば、相模鉄道でも昭和51（1976）年に二俣川《ふたまたがわ》駅から分岐するいずみ野線を開業した際、緑園都市《りょくえんとし》という駅を新設している。当時私が住んでいた家から1・5キロほど南という近所で、その他にも弥生台《やよいだい》、いずみ野などの「創作地名」が並んだ。今思えばこれも沿線ブランドを高めるための差別化だったのだろうが、地図・地名マニアだった高校生の私は、在来の地名と無関係な駅名の命名に対して、所属していた文芸同好会誌にこれを批判した文章を書いた覚えがある。

そもそも私が住んでいた町の名前も「南希望が丘《みなみきぼうがおか》」で、相鉄本線の希望ヶ丘駅が最寄りであった。この地名は県立希望ヶ丘高校の郊外移転に伴う校名（以前は旧制横浜第一中学校）が元なので少し異例だが、周囲にさちが丘、四季美台《しきみだい》といった町名がすでにあり、希望ヶ丘は緑園都市よりひと時代前の流行であった。

●ワンランク上の住宅地の響き

もともと「○○ヶ（が）丘」という地名はおそらく大阪の由緒ある「夕陽丘《ゆうひがおか》」（明治以前は通称）あたりが源流だろうが、東京近辺では自由ヶ丘（現自由が丘）がその嚆矢と思われる。この土地はもともと衾《ふすま》と称したが、自由教育を提唱した手塚岸衛《てづかきしえ》がここで自由ヶ丘学園を経営するようになった。東急の前身・東京横浜電鉄は当初ここに「九品仏《くほんぶつ》」という駅を設けたが、後に目黒蒲田電鉄（現東急）大井町《おおいまち》線が九品仏──浄真寺《じょうしんじ》により近い場所に駅を設置したのでそちらを九品仏とし、初代九品仏駅は昭和4（1929）年に自由ヶ丘と改称した。同時期に舞踏家の石井漠《いしいばく》も当地に舞踊研究所を構えており、彼が命名者という説もある。その息子である作曲家の石井眞木《いしいまき》さんの自由が丘の自宅にお邪魔した折には、「オヤジが名付けたんだよ」と聞いた。

いずれにせよ当時の最先端を行く芸術家や教育者が理想を語りながら命名したという、一種ハイソサエティ的な風味の思いきり斬新《ざんしん》な地名で、一帯を表わす通称地名としてすぐに広まったという。その後は昭和7（1932）年に一帯が東京市に編入され、東京府荏原郡碑衾《ひぶすま》町大字衾字谷権現前（駅所在地）は東京市目黒区自由ヶ丘（現在は自由が丘）となった。誰もが憧れる眩《まぶ》しいブランド地名がここに確立したのである。

しかしブランド地名はその人気ゆえに拡散する性格があり、特に戦後になって「○○ヶ

（が）丘」は雨後の筍《たけのこ》のように急増する。自由ヶ丘（自由が丘）の地名だけをとっても、昭和30年代から平成にかけて帯広《おびひろ》市、青森市、弘前市、仙台市、いわき市、水戸《みと》市、つくば市、あわら市、名古屋市、鈴鹿《すずか》市、河内長野《かわちながの》市、大阪府熊取町《くまとりちょう》、防府《ほうふ》市、宿毛《すくも》市、北九州市、宗像《むなかた》市、鹿児島市（いずれも現市町名）と全国各地に広まった。

差別化したつもりのブランド地名の神通力も、全国遍《あまね》く行き渡ってしまうと徐々に飽きられるのは世の常である。自由が丘や田園調布、芦屋の六麓荘町《ろくろくそうちょう》など本家のブランド力は減退しないにしても、新規に開発する宅地の命名には新しいセンスが求められる。〇〇ヶ丘の次は〇〇台、そして〇〇野、さらにもっと斬新なものへ。新しい街とその「ゲートウエイ」たる駅の命名にあたって担当者は知恵を絞り、また新たな傾向の地名・駅名を誕生させていく。

●ひらがな銀行・施設からひらがな市へ

さて、地名以外の世界でも新感覚の固有名詞はどしどし出現した。たとえば銀行。バブル崩壊や経済のグローバル化に伴って業界再編が行われ、合併で誕生した新しい銀行名には「みずほ」「りそな」といったひらがなが目立つようになった。公共施設でも、従来の

○○公民館や○○市民教育会館、○○共同浴場といった漢字のみの名称から、○○ふれあいホール、湯ったり○○といった、いわゆる柔軟路線で迫る。東京都北《きた》区の「北《ほく》とぴあ」、品川区の「きゅりあん」など枚挙にいとまがない。かつては幼稚園や保育園などの世界に限定されていたひらがな、カタカナに加え、時に外来語が交じったような新手の固有名詞が徐々に広まっていく。

既存の地名であっても「ひらがな表記は軟らかくて新しい印象」ということで流行し、駅名も上ノ山→かみのやま温泉（山形県上山市）、温海→あつみ温泉（山形県鶴岡《つるおか》市）、岩手湯田→ゆだ高原《こうげん》（岩手県西和賀町《にしわがまち》）、千葉港→千葉みなと（千葉市）など改称が目立つようになった。もともと漢字でも難読地名などの場合は最初からひらがな表記が選択されることも近年は多く、まつだい（北越急行ほくほく線・本来は松代）、おゆみ野（京成千原《ちはら》線・生実に由来）、いりなか（名古屋市営地下鉄鶴舞《つるまい》線・杁中）、くいな橋（京都市営地下鉄烏丸《からすま》線・水鶏橋）、すすきの（札幌市営地下鉄および市電・薄野）などいくらでもある。

そんな傾向が続く中で「平成の大合併」に突入した。対等合併の事例が多かったため、自治体の大小にかかわらず決定は「民主的」であることが求められ、既存の市町村名を除外した上で新市名を決めることも一般的となった。たとえば龍野市と周辺3町が合併した新市はたつの市、霞ヶ浦町《かすみがうらまち》と千代田町《ちよだまち》が合併してかすみがうら市。西土佐村《にしとさ》との合併で由緒ある中村市《なかむら》は消えて四万十市《しまんと》といった具合である。中心となる市に「併合される」イメージを避けたいあまり、歴史的地名は各地で消滅・変形を余儀なくされた。

それら近年の状況を反映した集大成と称すべき駅名を連ねた路線が、つくばエクスプレス（首都圏新都市鉄道）である。特に南流山駅から先は創作駅名がびっしり並ぶ。起点方から順に挙げれば、流山セントラルパーク（前平井《まえひらい》）、流山おおたかの森（西初石《にしはついし》）、柏《かしわ》の葉《は》キャンパス（若柴《わかしば》）、柏たなか（小青田《こうだ》）、みらい平《だいら》（東楢戸《ひがしならど》）、みどりの（萱丸《かやまる》）という徹底ぶりだ。このカッコ内は従来の地名で、いずれも江戸時代から続いてきたものだが、すでに駅名に合わせて、もしくは別の新町名に改称されたものもある。

このうち流山セントラルパークは近くの流山市総合運動公園を指したものだろうが、このカタカナは愛称だろうか。流山おおたかの森は、オオタカの棲息《せいそく》にちなむものというが、駅や街はその森を大々的に切り開いて造成されている。その点ではカブトガニの棲息地であった干潟を埋めて作られた岡山県笠岡市《かさおか》カブト中央町《ちゅうおうちょう》に匹敵するブラックな命名でもあるのだが、この駅前の町名も近いうちに「おおたかの森」に決まりそうだという。

●若者が突きつけた「ダサい」

その点で「高輪ゲートウェイ」はこれまで挙げた多くの地名・駅名の路線に連なる典型で驚きはないが、12月の発表以来、ネット空間では実に評判が悪い。報道直後のネットでのアンケートでは「名前を変えた方がいい」という意見が実に95・8パーセントを占めたという。大学生の長女の第一印象も「ダサい」であった。地名・駅名に造詣の深い漫画家・エッセイストの能町《のうまち》みね子《こ》さんがこの駅名の撤回を求める署名運動（現在は終了）をネット上で展開したところ、賛同する人の署名は短期間にもかかわらず4万7942人に及んだ。

縷々《るる》挙げてきた今風の地名・駅名は、そもそも誰の意思によって決定されているか明確でないケースが大半のようだが、最終決定したのが会社や役所の幹部の「おじさんたち」であることはおそらく間違いない。要するに私の前後の世代であるが、トレンドに遅れてはならないとの強迫観念は強く、「新しいモノを立ち上げる時には新しい造語」を長い生活の中で骨肉化させてきている。浮かび上がるのは、いわば「ナウなヤングのフィーリング」に追いつこうとする姿だ。

もちろん造語を自分だけの世界で濫造するだけならいいのだが、この近現代の100年そこそこの間に歴史的地名を否定し、そこに流行に左右されるタイプの安普請な固有名詞を上書きし続けてきた罪は、住居表示法で全国の地名を潰《つぶ》して回った私の祖父母の世代を含めて実に重い。その点で「高輪ゲートウェイ」を拒否する、主として若い世代の反応は救いである。

明治新政府は、西南《せいなん》戦争からまだ数年しか経たない明治14（1881）年に太政官達第83号で、「各地に唱ふる字の儀はその地固有の名称にして往古より伝来のもの甚だ多く、土地争訟の審判、歴史の考証、地誌の編纂《へんさん》等には最も要用なるものに候条、みだりに改称・変更致さぬやう」と釘《くぎ》を刺している。駅はたまたま会社の施設であるかもしれないが、関係住民などが永続的に利用する公共財の側面の方が大きい。目先の商売のためには勝手放題に決めてよろしいと考えている人に対して、先賢のこの言葉を贈りたい。通じるといいのだが……。

第3章　キラキラ地名が生まれる事情

個人名では「キラキラネーム」の増加が言われて久しい。学校の先生は出席簿に並ぶ生徒の名前を目にして、どう読んでいいのか苦しむ。あまりに難読氏名が多いので総ルビにしたような話も聞く。しかし地名の世界ではそれより前に「キラキラ化」は進んでいる。新しい地名は高度成長期以降に激増しているが、昭和の頃はまだ「○○台」とか「○○野」といった程度で今思えば穏当なものであったが、特に平成に入ってからキラキラの度が増している。本章では戦前からすでに芽生え始めた「下」や「新田」のつく地名の排除に遡《さかのぼ》り、既存地名との「差別化」とブランド化、イメージアップへのこだわりがもたらした地名の変貌を追ってみることにしよう。

好かれる地名・忌避される地名

●下のつく地名は嫌われる?

小田急線と京王井《い》の頭《かしら》線が交差する下北沢《しもきたざわ》駅。その一帯は繁華街になっており、「シモキタ」などと呼ばれて知名度は高い。ところが駅の所在地は世田谷区北沢二丁目であり、付近にも下北沢という町はない。町名の由来を調べてみるとすぐわかるのだが、昭和7年

（1932）に「大東京市」が誕生した際、一帯は荏原郡世田谷町大字下北沢から東京市世田谷区北沢となった。下北沢の「下」が外されたのである。ペアの上北沢は今もそのまま残っているので、「下」が嫌われたと考えてもおかしくない。

もとは北沢村が江戸初期頃に上北沢村と下北沢村に分かれた。ここに限らず近世に入って上下に分かれた村は非常に多く、ここもそのひとつである。地名につく上下については川の上流側・下流側を示すものであるが、「京都に近いかどうか」と信じている人は多い。これが誤りであるのは、たとえば長野県の諏訪湖《すわこ》に面した中央本線の上諏訪《かみすわ》駅（諏訪市）と下諏訪《しもすわ》駅（下諏訪町）の関係を見ても京都から遠いのが「上諏訪」だし、京都駅を起点とする山陰本線で隣り合っている上夜久野《かみやくの》・下夜久野《しもやくの》の両駅（京都府福知山《ふくちやま》市）は、京都に近い方が下夜久野である。これだけ挙げれば十分だろう。

例外的に「京都に近いかどうか」で決まる上下の地名は国レベルの広域地名で、たとえば上野《こうづけ》国（ほぼ現群馬県）と下野《しもつけ》国（ほぼ現栃木県）は京都に近いかどうかで決められており、上総《かずさ》国と下総《しもうさ》国（いずれも千葉県）も上総の方が京都に近かった。もっとも現在では陸路で京都を目指すなら千葉や市川のある下総の方が近いけれど、国名が上下に分かれた頃は、武蔵の最南端に位置する六浦《むつら》あたりから船で上総へ向かうのが順路であった。

青森県の上北郡《かみきた》と下北郡《しもきた》は明治11（1878）年に北郡が分割されたものであるが、大きな下北半島を含む領域なので上下とすべき流域関係がない。『角川』でも「首都である東京までの遠近によった」と明記されているので、これは「非流域系」の命名であることは間違いなさそうだ。他にも古代から上下に分かれていた神奈川県の足柄上郡《あしがらかみ》・足柄下郡《あしがらしも》（古代は足上郡《あしのかみ》・足下郡《あしのしも》）も共通の流域はなく、古代の東海道の足柄峠を越えた先のエリアが上、それより南に離れた小田原から真鶴《まなづる》あたりまでを下としたとすれば、こちらも同様だろう。このあたりの大きなスケールになって、やっと「上下は京都への遠近」という例外が出てくるに過ぎず、基本は川の上流・下流の関係に他ならない。これは欧米でも同じで、ドイツ・バイエルン州のオーバーアマガウ（Oberammergau）の下流側にウンターアマガウ（Unterammergau）があるといった具合だ。

●昭和7年に東京で起きた「下」切り捨て

「上」の地名が高いのは標高だけで下流側より「偉い」わけでもないのだが、どうも近代に入ると下が嫌われ始める。前述の下北沢のケースは昭和7（1932）年に下が削除されたが、もし小田急の開業があと5年遅れていれば北沢駅になっていたに違いない。それはともかく、大東京市誕生のこの年、新たに市域となった旧大字から「下」がまとめて消えている。「下の地名は嫌だ」という住民の意思を如実に物語っているようだ。

現在の板橋区には中山道《なかせんどう》が通り、板橋宿が設けられていたが、村名としては上板橋村《かみいたばし》と下板橋村《しもいたばし》の2村が江戸期から続いていた。町村制施行にあたっては明治22（1889）年に北豊島郡《きたとしま》上板橋村が合併せずに単独で誕生、下板橋村は金井窪《かないくぼ》・中丸《なかまる》の2村とともに板橋町となり、下板橋は大字として残った。「板橋町大字下板橋」である。その後は大正3（1914）年に東上鉄道（現東武東上線）が開通、下板橋（旧位置）・上板橋・成増《なります》の3駅が現板橋区内に誕生した。

昭和7年に板橋町・上板橋村が東京市に編入されることになり、この2町村に加えて練《ね》馬《り》町・上練馬《ま》村・志村《しむら》・赤塚《あかつか》村・中新井《なかあらい》村・石神井《しゃくじい》村・大泉《おおいずみ》村を合わせて板橋区が誕生した（現練馬区域も含む）。そこで板橋町大字下板橋は東京市板橋区板橋町となり、あっさり「下」が外されて現在に至る。このため「下板橋時代」に設置された東上線の下板橋駅だけが、下北沢駅と同様にこの地名の記念碑となった。ちなみに中板橋は昭和8（1933）年に上板橋と下板橋両駅のちょうど中間地点に開業、後に同32年に正式な町名となったものだから、これは駅名が先である。

北区の上十条と下十条も今は上しか残っていないが、昭和7（1932）年の市内編入の際には王子区の町名として上十条町・下十条町の双方が残った。下十条町は同14年に一部が東十条、中十条などの新町名ができて狭くなり、戦後の昭和42（1967）年には、住居表示法による町名再編でおおむね十条台となって消えてしまった。上十条の方は健在である。

●下大崎は消え、小字の五反田が大出世

品川区の上大崎《かみおおさき》と下大崎《しもおおさき》のペアも上大崎だけ生き残った。下大崎は昭和42（1967）年まで残っていたが、東五反田《ひがしごたんだ》などに変わって消えている。明治44（1911）年に荏原郡大崎町《おおさきまち》大字下大崎字五反田に設置された電車駅・五反田駅の影響力は強く、小字名に過ぎなかった五反田は駅の知名度を背景に巨大化し、その陰で下大崎は消えていった。ちなみに大崎《おおさき》駅が設置された大字居木橋《いるぎばし》の名も東京市編入の昭和7（1932）年に東大崎と改称されて消えている。居木橋という地名は目黒川に架かった橋（もしくは品川宿境の「ゆるぎの松」）に由来するとされ、おそらくグラグラと不安定な橋だったのだろう。石川県加賀《かが》市の動橋《いぶりはし》と似た由来だとすれば昔の目黒川風景を彷彿《ほうふつ》させるだけに、惜しいことを

したものである。

上鷺宮《かみさぎのみや》と下鷺宮《しもさぎのみや》は昭和7年の東京市編入とともに「鷺宮」に統合されたが、領域が広大過ぎたためか、昭和40（1965）年に西武新宿線以南が若宮《わかみや》と白鷺《しらさぎ》、新青梅《しんおうめ》街道以北が上鷺宮として復活した。東京都では住居表示による町名設定の際に丁目で区切ることを金科玉条とし、一方で「九丁目を超えるな」という縛りも与えたため、やむを得ず復活させたと思われる。それでも下鷺宮を復活することはせず、福蔵院《ふくぞういん》という寺の山号「白鷺山」にちなむ白鷺、若宮小学校（現美鳩《みはと》小学校）に由来する若宮の新地名を創作した。それほど「下」は嫌われたのだろう。

世田谷区でも上野毛《かみのげ》は生き残り、下野毛《しものげ》は消えている。やはり昭和7年のことだが、荏原郡玉川《たまがわ》村大字下野毛は東京市世田谷区玉川野毛町となり、下の字はこの時に消えた。そのまま現在も上野毛と野毛の組み合わせとなっている。ところが明治45（1912）年に東京府と神奈川県の境界が多摩川沿いに変更された際に神奈川県橘樹《たちばな》郡高津村に下野毛の一部が「移籍」し、高津村大字下野毛となった。幸いというべきか、こちらの方は削除されずに昭和12（1937）年に川崎市大字下野毛となり、現在も高津区下野毛として健在だ。

多摩川流域には旧河道との関係や対岸への耕作などにより両岸に同じ地名がいくつも残

っている。たとえば丸子《まるこ》、等々力《とどろき》、宇奈根《うなね》、和泉《いずみ》、布田《ふだ》、押立《おしたて》、石田《いしだ》などだが、このうち川崎市側では対岸の東京都側より地名が比較的よく保存されてきた。たとえば現在「大田《おおた》区田園調布」となっている部分は調布村（後に東調布町）の大字上沼部《かみぬまべ》・下沼部《しもぬまべ》であるが、昭和7年の東京市編入で大森区田園調布となり、現在では東京側に旧地名はひとつも残っていないが（数少ない「遺物」が東急多摩川線沼部駅）、川崎市側では中原《なかはら》区に下沼部が現存する。かつては対岸（田園調布側）の本村から多摩川を渡って耕しに行ったことから「向河原」と呼ばれ、これも南武線の駅名になった。

●上下とも消えた例・上下どちらも残った例

以上「下」が消えた事例を挙げてみたが、もちろん消えなかった例もある。どちらも消えたものでは、板橋区の上赤塚《かみあかつか》町（昭和44年消滅）と下赤塚《しもあかつか》町（昭和47年消滅）が消えて赤塚、赤塚新町《しんまち》その他となった。また江戸《えど》川《がわ》区上小岩《かみこいわ》・下小岩《しもこいわ》はすべて小岩町を経て今は小岩・東小岩・西小岩・南小岩・北小岩となっている。結果的に広大なエリアが「小岩」となったが、かつてここに含まれた伊予田《いよだ》、小岩田《こいわだ》などの大字は消えた。

上沼袋・下沼袋のケースは興味深く、昭和7年の東京市編入とともに上沼袋《かみぬまぶくろ》と下沼袋《しもぬまぶくろ》の一部が「沼袋南」に、下沼袋の一部は「沼袋北」に組み替えられたものの、わずか2年後に沼袋南は野方《のがた》町一・二丁目および大和町《やまとちよう》の各一部に、沼袋北一丁目が沼袋町、二丁目が野方町一丁目といった具合に再度の組み替えに至った。他のエリアにも目立つが、江戸期の上下がともすれば「質的な上下」を連想させかねないためか、東西南北に入れ替える傾向が出てきたのもこの時代である。これは戦後の住居表示法による町名変更にも引き継がれた。たとえば上荻窪《かみおぎくぼ》と下荻窪《しもおぎくぼ》はどちらも昭和40年代に消えているが、現在では荻窪の他に上荻、南荻窪、西荻北・西荻南という具合に「上」は温存しながら「下」を消し、方角つきに組み替えている。

上下どちらも現存しているものは少ないが、杉並《すぎなみ》区の上高井戸と下高井戸、上井草《かみいぐさ》と下《しも》井草《いぐさ》、練馬区上石神井・下石神井などが挙げられる。上下だけでなく江戸期から「中」もある上目黒・中目黒・下目黒は上中下ともに現存。また世田谷区上馬《かみうま》と下馬《しもうま》は上馬引沢《かみうまひきざわ》と下馬引沢《しもうまひきざわ》だったが、荏原郡駒沢《こまざわ》村が駒沢町となった大正14（１９２５）年に上馬・下馬に下略の改称を行った。急速に都市化が進んでいた東京とその近郊では「新田」を代表とするいかにも田園風の地名を「都市的」な地名に変える傾向が徐々に浸透しており、これが戦後の地名の好みにまで一直線に繋《つな》がっているようだ。

●東京市が定めた新町名の命名方針

東京市は昭和7（1932）年10月1日、それまでの旧市域15区に5郡82町村を新たに加え、これを20区に編成して全35区とした。面積は約7倍に拡大している。旧82町村のエリアにどのような町名をつけるかについては「臨時町界町名地番整理委員会」の委員長が東京市に答申、その方針に基づいて新たに町名を設定した。詳細は省くが、「帝都としてふさわしい都市的地名」が意識されており、『東京市域拡張史』（東京市役所・昭和9年発行）には町名決定方針の一端が次のように記されている。

整理されたる新町の区域は大字或は小字を以て区域となし、其の名称は主として大字名或は小字名に旧町村名を冠したるものを以て新町名となす方針とした。而して町村の字名には冗長なるもの、旧套にして判読に苦しむもの、例へば東湿化味、出子谷ツ（練馬町）、西柿蓋耕地（江北村）、不入斗《いりやまず》（入新井《いりあらい》町）等の如き、又農耕地を想起せしめるが如き時代後れの名称、例へば太郎兵衛耕地（砂町）、弥五郎新田、次郎左衛門新田（綾瀬村）、長右衛門新田（東淵江村）等大都市に不適切なるものが多々あつたのであるが、此等のものは凡て整理され、十月一日より新しき町名を以て呼称せられるに至つたものにして、町名の整理を簡単たらしめる為め出来上りたる新町名には「丁目」が最も多く使用されてゐるのである。

基本的には従来の大字名および一部の小字名を存続させる方針ながら、難読地名や農村らしい地名は排除するという方針であった。同書で新町名に関する項目を読んでも「下」を外すような文言は見られないし、それが徹底されているわけでもないので、地元に「声の大きな人」がいた所が「下」を外したのかもしれない。しかし農村的な地名の排除は徹底されており、特にそれが多かった足立区や葛飾《かつしか》区などは見事に消え去った。

足立区ではここにも例示されている綾瀬《あやせ》村の弥五郎《やごろう》新田は日ノ出町《ひのでちょう》・五反野北町《ごたんのきたまち》・五反《ごたん》野南町《のみなみちょう》の3町、次郎左衛門《じろうざえもん》新田は四ツ家《よつや》町などと改称、このようにまったく変わった町名もあれば、五兵衛《ごへえ》新田→五兵衛町のように新田を外して町をつけたもの、東淵江《ひがしふちえ》村では長《ちょう》右衛門《えもん》新田→長門町のように2文字のみ残したものもある。

この方針は戦後の昭和33（１９５８）年に行われた草加《そうか》市の「新田つき大字」の改称に如実に引き継がれた。ここでは金右衛門新田《きんえもんしんでん》→金明町《きんめいちょう》、九左衛門《くざえもん》新田→旭町《あさひちょう》、長右衛門《ちょうえもん》新田→長栄町《ちょうえいちょう》、清右衛門《せいえもん》新田→清門町《せいもんちょう》、善兵衛《ぜんべえ》新田→新善町《しんぜんちょう》、新兵衛《しんべえ》新田→新栄町《しんえいちょう》など、ほとんどがシンボル的に1～2字を残しての改称であった。

●日向・日影のペア地名の運命

北という地名を「敗北の北」に通じるとして忌避することは近世以前から行われた。たとえば越前《えちぜん》（福井県）の北庄《きたのしょう》は藩主の松平忠昌《まつだいらただまさ》が福居（後に福井）と改称している。また福島県の喜多方《きたかた》市も会津《あいづ》藩領の北方を意味する地域で明治8（1875）年に合併が行われて「喜多方町」が誕生した。それでも戦前期頃まではそれほど事例も多くなかったが、特に戦後になると不動産の価値に地名が大きく影響するようになり、特に新町名はいかにも日当たりが良さそうな印象となるよう「化粧」が施されるようになる。私が子供時代に過ごした相鉄本線の希望ヶ丘駅の周辺には南から北へ3つの町が並んでいるのだが、その名は南希望が丘、中希望が丘、東希望が丘（いずれも昭和36年設定）で、北に位置するものを東希望が丘としたのは明らかに北を回避したものだろう。

東京都青梅市には日向和田《ひなたわだ》と日影和田《ひかげわだ》のペア地名があった。元は和田村であったが、江戸初期に多摩川を境に南北に分かれている。分村は寛文《かんぶん》8（1668）年と伝えられるが、多摩川の北側（南斜面）が日向和田村、南側（北斜面）が日影和田村となった。昭和26（１９５１）年には合併で青梅市が誕生、この時には大字日向和田・日影和田として引き継がれたが、昭和42（１９６７）年に日影和田のみ和田町に改称されている。日向和田は変わらないので、明らかに日影を嫌ったものだろう。市内の他の地域でも大字下《しも》（かつて下村）が梅郷《ばいごう》というまったく異なる町名に改められた。梅の名所にちなんだものだが、これもやはり「下」が嫌われたようだ。ちなみに「上村」は元から存在しない。

ブランド地名はどうなっているか

ブランド地名とは何だろうか。端的には「不動産が高く売れる地名」であり、また「観光客を誘致できる地名」であろう。具体的には商業地では東京の銀座であり、住宅地なら同じく23区内では田園調布や成城《せいじょう》、市名で言えば兵庫県芦屋市あたりも知られている。リゾートであれば軽井沢といったところだろうか。勝手な印象で「定義」するよりも、人気のある地名ゆえにエリアが拡大する傾向をもつブランド地名の動向を把握することにより、その実態を浮かび上がらせてみようと思う。

●当初の銀座は四丁目まで

まずは東京の銀座である。周知の通り江戸幕府の銀貨鋳造所である「銀座」が置かれていたことに由来するが、慶長《けいちょう》17（1612）年に駿府《すんぷ》（現静岡市）から銀座を江戸に移し、座人の居宅と鋳造所のために京橋《きょうばし》の南側4町が与えられたのが始まりだ。この4町は現在の銀座一丁目から四丁目のうち中央通りに面した部分で、このあたりの街区は南北幅がちょうど1町で設計されているので、その4ブロック分であった。今もこの南北の寸法は基本的に変わっていない。

寛政《かんせい》12（1800）年に鋳造所が日本橋蛎殻町《にほんばしかきがらちょう》に移転してからは銀座の所在地ではなくなったが、そもそも江戸期の「銀座」は通称で、正式には新両替町《しんりょうがえちょう》と称した。これが正式な町名として銀座に決まるのは明治2（1869）年のことで、当初は拝領当時と同じエリアの一丁目から四丁目までであった。

そもそも銀座通りは日本橋から続く天下の大道・東海道の一部にあたり、明治13（1880）年頃には柳並木が整えられ、同15年には市街の軌道交通機関としては日本で初めての東京馬車鉄道が走り始めている。明治5（1872）年2月の丸ノ内から銀座を経て築《つき》地《じ》に至る大火の教訓から道路が拡張され、その両側に西欧風の「銀座煉瓦《れんが》街」ができた。気候風土に合わず使い勝手が悪かったらしく、徐々に改築などで洋風建築は消えていくが、この地には洋食屋、パン屋、時計商、洋服店など文明開化の時代にふさわしい新しい店舗が進出し、魅力的な商店街に変貌《へんぼう》していく。同時にいくつもの新聞社が社屋を構えたことにより、その広告を扱う代理店、印刷所なども集まり、進取の気性に富む独特な地域となった。すでに大正の前半には魅力的な店を巡って歩く「銀ブラ」の言葉が用いられるようになる。

●銀座の「第一回拡張」は震災復興事業

東京市中心部の多くを焼失させた関東大震災では銀座も大きなダメージを受けるが復興も早く、大正13（1924）年に松坂屋、同14年に松屋、昭和5（1930）年に三越と百貨店が相次いで進出、地価の高さもこの頃には日本橋を抜いて全国一となった。このようにして戦前にはすでにブランド地名としての銀座が確立していたのである。

その震災復興事業では銀座が早速拡張された。この頃は復興事業に伴う町名地番整理事業が東京市内の都心部を中心に進められており、それまで四丁目までだった銀座に、昭和

5年から新たに五丁目〜八丁目が加わった。しかも銀座通りの東西の狭い範囲、具体的には西は1ブロック、東は2ブロックのみ（四丁目のみ1ブロック）だったものが東西すべて2ブロックずつ、新たな五丁目以南にもそれが適用されたため、尾張町《おわりちょう》一〜二丁目・三《さん》十間堀《じっけんぼり》一〜二丁目・南紺屋町《みなみこんやちょう》・元数寄屋町《もとすきやちょう》・弓町《ゆみちょう》・鎗屋町《やりやちょう》・南鍋町《みなみなべちょう》二丁目・出雲町《いずもちょう》・竹《たけ》川町《かわちょう》などが消えて銀座になった。この結果、震災前の旧銀座エリアの約7・5ヘクタールは一気に3倍近い21・0ヘクタールに広がっている。

それだけでなく、この時に銀座の西側は「銀座西」という新たな町名が創設され、南紺屋町・弓町・新肴町《しんさかなちょう》・弥左衛門町《やざえもんちょう》・西紺屋町・元数寄屋町一〜三丁目・滝山町《たきやまちょう》・惣十郎《そうじゅうろう》町《ちょう》・南鍋町一丁目・南佐柄木町《みなみさえきちょう》・加賀町《かがちょう》・日吉町《ひよしちょう》・八官町《はちかんちょう》・丸屋町《まるやちょう》・山城町《やましろちょう》・山下町《やましたちょう》の一部ないし全部が消えた。多くは江戸時代以来の歴史的町名なので、実に惜しいことをした。さすがに広域すぎて「銀座」には入れてもらえなかったのだろうか。

●当用漢字がらみかブランド志向か——木挽町の消滅

銀座の東側にあったのは木挽町《こびきちょう》である。この町は文字通り江戸城修築の際に木挽き（製材）職人が集住したための命名であるが、職業柄、今は埋められた三十間堀に沿った東側の南北に長い町であった。町の東側には大名屋敷なども多かったため町域は広かったが、昭和６（１９３１）年〜7年にかけて采女町《うねめちょう》・南水谷町《みなみみずたにちょう》・金六町《きんろくちょう》その他を編入してさらに広くなった。この木挽町が昭和26（１９５１）年にエリアはそのままで銀座東と改称している。これは昭和21（１９４６）年に内閣告示された「当用漢字表」に「挽」の字が載っていないことが、ひとつの改称の背景にあったのではないだろうか。

その告示では「固有名詞については、法規上その他に関係するところが大きいので、別に考えることとした」とあるが、その後も「別に考え」られることはなかった。歴史的な地名にもかかわらず、町名地番整理などで新町域が整えられる場合を捉《とら》え、行政は当用漢字の使用を勧奨（あるいは事実上の強制）している。

これはその後の住居表示実施の時の話であるが、当用漢字がらみで東京都中央区の「佃煮《つくだに》」で知られる佃島《つくだじま》も消えかけた。区の住居表示審議会が町名の扱いをめぐって意見がまとまらず、「由緒ある町名だからそのまま残す」「読みだけ残して字を変え津久多としてはどうか」「いっそ住吉《すみよし》神社の名を採って住吉」の３案を提示して住民アンケート実施、というところまで追い詰められたという。それでも地元町会としては「あくまで旧称を保存すべき」とし、劇作家の菊田《きくた》一夫《かずお》、俳優の長谷川《はせがわ》一夫《かずお》、評論家の野田宇太郎《のだうたろう》をはじめ、都内外の識者たちも巻き込んで保存を訴えたことにより区議会も佃一～三丁目で落ち着いたという。このように大々的な保存運動にならなかったところでは多数の町名が消えている。

かくして木挽町一～八丁目は昭和26（1951）年にそのまま銀座東一～八丁目と改められた。当用漢字問題もあったには違いないだろうが、背後にはやはり「銀座ブランド」への憧《あこが》れがなかったとは思えない。その後は昭和43（1968）年に住居表示を実施する際に銀座西は銀座に統合、そして翌44年には銀座東も一緒になり、ここに巨大な銀座が完成したのである。昭和5（1930）年時点の21・0ヘクタールは4倍以上の88・2ヘクタールまで拡大された。これは震災前の銀座に比べると11・8倍に相当する。「ホンモノの銀座」は8・5パーセントに過ぎず、逆に言えば現在「銀座」を名乗るエリアの91・5パーセントはニセモノということだ。これが「ブランド地名」の拡大の実態である。

●地方にも続々と増える銀座

『角川』DVD－ROM版の「銀座」の項によれば、昭和5（1930）年の銀座大拡張あたりから「モダンな繁華街の代表として有名になり、各地に銀座名を付した商店街が多くなった。ちなみに現在全国の銀座数は500余あるという」としている（昭和53年発行

『角川日本地名大辞典　13東京都』の記述と同じ)。

東京では品川区の戸越《とごし》銀座商店街が「関東有数の長さを持つ商店街」として有名だ。東急池上《いけがみ》線に戸越銀座駅もあるが、そもそも大正後半から人口が急増していた当地に商店が集まりつつあった時、関東大震災で壊滅的な被害を受けた東京の銀座で出た大量の煉瓦の瓦礫《がれき》を引き取って水はけの悪かった地面に敷き詰めた。この縁に加えて銀座の繁栄にあやかろうとして戸越銀座が命名されたというが、町名はあくまで戸越であった。

全国各地に叢生《そうせい》したという多数の「銀座」の中でも正式な町名となったケースはそれほど多くない。実は銀貨鋳造所にちなむ銀座は京都市伏見区にもあって、こちらは東京以外で唯一現存するホンモノの銀座であるが、それ以外の「あやかり銀座」は、「銀座町」や「銀座本町」「銀座北」なども含めた数でいえば『角川』によれば18にのぼる。

このうち最も古いのは長野県飯田《いいだ》市銀座で、昭和27（1952）年に誕生した。元は飯田市大字飯田のうちで、通称地名としては昭和5年から見えるとのことで、戦後に正式町名になっている。『角川』では「旧飯田町の中で最大の繁華街を形成した。正式町名となって以降も各種商店が軒を並べ、盛況な町筋として発展した」としている。やはり町一番の目抜き通りに「銀座の称号」は与えられるのだろう。

次が栃木県鹿沼《かぬま》市銀座で、同29年から。「繁華街であったので銀座と名付けられた」とする。同32年には愛知県半田《はんだ》市に銀座本町《ほんまち》が誕生している。同35年には山口県徳山《とくやま》市（現周南《しゅうなん》市）に銀座ができた。徳山海軍燃料廠《しょう》の所在地として太平洋戦争時の空襲がひときわ激しく、復興地区に命名されたものには東京の地名がなぜか多い。同年には有楽町、新宿通、代々《よよ》木通《ぎどおり》も誕生している。私が徳山のある飲食店で昼食をとった際に、東京の地名がなぜこれほど多いのか質問したら、「長州《ちょうしゅう》藩は近代日本の基礎を作ったから、本当は（町名も）こっちが先なんだ」という答えが返ってきて絶句した覚えがある。後で徳山の市史を調べたら、当然ながら戦後の地名であることが明記されていたが。

その昭和35（1960）年には愛知県に2つ目となる刈谷《かりや》市銀座が誕生したが、これは商店街の要望によって命名されたという。続いて同38年には長野県岡谷《おかや》市銀座、翌39年には同市東銀座、同42年には北九州市戸畑《とばた》区銀座、静岡県熱海市銀座町《ぎんざちょう》ができた。同45年には埼玉県本庄《ほんじょう》市銀座、翌46年には同県に熊谷《くまがや》市銀座、同47年には清水市（現静岡市清水区）銀座が住居表示の実施を機に成立している。同48年の伊東《いとう》市銀座元町《もとまち》も住居表示実施による成立だ。同50年には徳島市銀座が東新町《ひがししんまち》の一部を改称して誕生、山口県徳山市（現周南市）にはみなみ銀座が昭和58（１９８３）年に、これも常盤町《ときわちょう》一～二丁目をわざわざ改称して誕生したという。

●渋沢栄一が構想した田園都市――田園調布

東京都大田区の田園調布は、高級住宅地の代名詞であるが、事業家として明治日本の近代化に貢献した渋沢栄一《しぶさわえいいち》が提唱した田園都市にルーツを持っている。渋沢は新１万円札の肖像に採用されて注目されているが、生涯に５００以上の会社設立に関わった中で、英国で生まれて世界的に脚光を浴びていた「ガーデンシティ」を導入すべしと説き、田園都市株式会社の発起人に名を連ねている。人口の過度な集中で環境が悪化していた東京都心部の状況もあり、東京府荏原郡を中心に優良な分譲住宅地を造る事業が始まった。その足となる鉄道を敷いたのが子会社の目黒蒲田電鉄であった。現在の東急のルーツである。

大正12（１９２３）年の関東大震災では東京市の都心部は10万人を超す犠牲者を出すなど大きな被害を受けたが、当時荏原郡碑衾《ひぶすま》村、調布村などの台地上に位置した田園都市の住宅地はほとんど無傷であったため、これにより田園都市の売れ行きは急増していく。大正後期から急速な近代化が進み、勤労者世帯が増えていた日本全体の状況もこれを後押しした。

目黒蒲田電鉄の沿線に何か所か開発された田園都市のうち、最も有名になったのが多摩川台住宅だ。その玄関口となる目黒蒲田電鉄調布駅（大正12年開業）から放射状と環状の道路を組み合わせた独特な街路で、1区画は最低でも100坪（約331平方メートル）。西口の駅に近いエリアでは300〜400坪に及ぶゆとりある敷地に上下水道完備という優良住宅地である。敷地の分筆をしない、周囲を生垣とするなどの紳士協定もあってその質は今日まで高く保たれてきた。このため田園調布に家を建てるのは成功者のステータスとして広く認められている（昨今の若い金持ちは都心部のタワーマンションの方を好むらしいが）。

駅名の調布は調布村の名を採ったものだが、京王電気軌道（現京王電鉄）の調布駅と紛らわしかったからか、大正15（1926）年に「調布村にある田園都市」を意味する田園調布に改称された。当時の住所は荏原郡調布村大字下沼部字旭野《あさひの》（駅所在地）であった。現地の住所も、昭和7（1932）年の東京市編入の際に大森区（現大田区）田園調布という町名が正式となった。駅名の影響力は今にはじまったわけではないが、実に大きい。

地名としては特徴的であるため、「自由が丘」「希望が丘」ほどの全国的な波及は見られないが、唯一福島県の大信村《たいしんむら》（現白河市《しらかわし》）では新興住宅地に「田園町府」と名づけ、実際に平成５（１９９３）年に正式な大字名となった。当初は「田園調布」を希望していたというが、村当局が東京の田園調布会に打診したら難色を示されたため、字を一部変更したものである。白河市街から北北東へ約10キロの、なだらかな山の中に水田が広がるのどかな場所だ。それ以外に田園を名乗る町は兵庫県小野市《おのし》田園町《でんえんちょう》（昭和44年）、鳥取市田園町（同年）、東京都福生市《ふっさし》北田園・南田園（昭和50年）、京都府舞鶴市《まいづるし》田園町（平成18年）というところである。

●学校名が由来の成城

東京では世田谷区の成城もブランド地名である。東京市牛込区《うしごめく》（現新宿区）にあった成城第二中学校が昭和２（１９２７）年の小田急線の開業の２年前に北多摩郡砧《きぬた》村大字喜《き》多見《たみ》の台地上に移転したのがきっかけだ。一帯はその後、成城学園を中心とした計画的な学園都市として整備されていく。明治町村制当時の地名は砧村大字喜多見字東之原（駅の所在地）であったが、宅地開発が進んでいた昭和５（１９３０）年には大字喜多見のうち学園都市エリアのみ学校名をつけた「喜多見成城」として分離、小田急線から北側を字北・南側を字南に分けた。

昭和11（1936）年に砧《きぬた》村が東京市世田谷区に編入されてからは成城町と改称、喜多見から「完全独立」した。そして昭和45（1970）年からは住居表示実施の規程により「町」を外して現在の世田谷区成城に至っている。新宿から各駅停車で24分（昭和3年5月改正ダイヤ）と便利で環境も良いため、作家や大学教授など「文化人」が多く住むようになった。また東宝撮影所（当初は写真化学研究所＝東宝の前身・現東宝スタジオ）が昭和7（1932）年に南端に開設された後は映画関係者なども住み、独特な文化的住宅地のイメージが定着していく。

ブランド地名としての威力は大きい。北に隣接する調布市入間町《いりまちょう》の南部は成城学園前駅《せいじょうがくえんまええき》から1キロ内外であることもあって、成城を名乗るマンションやアパートが目立つ。入間町三丁目だけでもグレイスガーデン成城、アーバンヒルズ成城、メゾン成城、メゾンK成城、サンビレッジ成城、サミール成城、アーバンハイム・成城、ラ・メール成城、成城2番館、成城3番館などなど、キリがないほど多い。むしろ現地の正式町名である「入間町」を名乗るものを探す方が難しく、やっと1つだけ見つけたのは「都営入間町三丁目アパート」。都営なら「成城」をアピールする理由がないということだろう。

これらの成城を名乗るマンションに住む人は、居所を尋ねられたら「成城です」と答えるのだろうか。失礼ながら、怪しい防火用品などを売りつける訪問販売人が「消防署の方から来ました」と言うのに通じるけれど、いつも成城学園前駅を利用しているのなら、あながち虚偽とも言えない。

８棟から成るある大規模マンションは、そのうちの１棟がほぼ狛江《こまえ》市内に入っているにもかかわらず、その棟の住居表示を「世田谷区成城」とするのに成功した。一般に工場や会社などで複数市区町村にまたがる場合はどれかを代表地番として表示することは以前から行われており、この場合も８棟を「一体とした建物」と解釈したのだろう。ちなみにこの棟の住民は世田谷区民であり、同区に住民税を払う一方で、固定資産税の方は狛江市にも払っているという複雑な立場らしい。

成城に限らず「マンション名は地価の高い方に流れる」傾向はあり、たとえば国立《くにたち》駅北口から徒歩５分の国分寺《こくぶんじ》市　光町《ひかりちょう》のマンションの大半は「国立」を名乗るし、多摩市関戸にあるマンションは、京王線の特急停車駅である「聖蹟桜ヶ丘」を冠するのがふつうだ。

昭和40年代以降の住居表示実施で広域町名になった23区内では、最近ではさらなる「差別化」のため、あえて旧町名その他を持ち出して特別感を与えようとしている。たとえば港区《みなと》赤坂《あかさか》の檜町《ひのきちょう》、品川区上大崎の長者丸《ちょうじやまる》、岡山藩池田《いけだ》家の下屋敷の通称「池田山《いけだやま》」を品川区東五反田のマンションに冠したりといった類《たぐい》だ。「殿様がかつて住んだ場所に高級マンションを買うステータス」（下屋敷に殿様は住まないが）といった「エグゼクティブ」たちの優越感をくすぐる命名であろう。

●リゾートの軽井沢

長野県の軽井沢といえば、別荘地として古くから開発された。江戸時代までは中山道の小さな宿場町であり、浅間山麓《あさまさんろく》の寒冷地で作物もあまりできない土地であったが、明治21（1888）年にカナダ生まれの宣教師アレキサンダー・クロフト・ショーが別荘を建てたのが最初で、その後はショーの知人友人たちが相次いで別荘を建設し、日本の政財界人や高級軍人などが続く。「ハイソサエティ」の別荘地イメージはすでに戦前から定着した。

そのブランド力は大きく、昭和3（1928）年には軽井沢のはるか北に位置する群馬県長野原町《ながのはらまち》に法政大学学長、松室致《まつむろいたす》の所有地を学者や文人などに向けて分譲した別荘地が誕生、この通称「法政大学村」は北軽井沢と呼ばれるようになる。当時走っていた草軽電気鉄道も、最寄り駅の名を昭和2（1927）年に地蔵川から北軽井沢と改称した。駅舎を改築した際に「大学村」がこれを寄贈したことから、現存する駅舎の欄間には法政大学の頭文字「Ｈ」の字が透かし彫りになっている。軽井沢からは当時の電車（正確には電気機関車が牽引する列車）で１時間半（約26キロ）といささか遠かったが「養蚕で繁栄するように」明治８（１８７５）年に名付けられた応桑《おうくわ》の地名（大字名）よりもぴったり来たのだろう。正式な地名として大字北軽井沢が誕生するのははるか後年の昭和62（１９８７）年のことである。

長野県内でも軽井沢人気にあやかろうとする人たちは多かったようで、信越本線（現しなの鉄道）の信濃《しなの》追分《おいわけ》や御代田《みよた》などの駅周辺が西軽井沢などと呼ばれるようになり（正式な大字等ではない）、南軽井沢（こちらも通称）も出現したため、大いに広がった「虚実とりまぜた軽井沢」の中心地に位置する中山道の宿場であった沓掛《くつかけ》も、町役場の所在地であることもあって昭和35（１９６０）年から中軽井沢を名乗るようになった。駅名はひと足先の同31年から沓掛を中軽井沢と改めている。

ひらがな・カタカナ地名の急増

●平成の大合併で急増した「ひらがな市」

平成11（1999）年から国の主導による市町村の合併促進政策が進められた。いよいよ人口減少社会が間近に迫ってきた時期であり、高齢化の進行も深刻化していく中で、基礎自治体である市町村のサイズを大きくして行財政基盤を確立させるというのが合併の目的であった。

しかし呼びかけだけで自治体の腰はなかなか上がらないことから、期間限定の「合併特例債」を導入した。これは新市町村建設のための事業費（たとえば新市役所や交流施設、体育館などの建設）の実質7割を国が負担してくれるという有利なもので、各地で多数の合併協議会が立ち上げられ、猫も杓子《しゃくし》も合併に踊ったのである。平成17（2005）年度までに合併した自治体が対象とされたので、ギリギリの駆け込み合併が目立った。

ギリギリまで決まらなかったのは、どのような自治体の組み合わせにするか、またそれに際しては各町村の財政事情（借金の多寡）などの生臭い話に加えて、新自治体の名称が大きな難問であった。それがこじれて合併そのものが破談になったところも少なくない。特例債の期限は東日本大震災の影響を考慮して5年間（被災地は10年）延長され、大プロジェクトは平成22（2010）年3月末に終了した。これにより平成11年の3月末に存在した3232市町村は同22年3月末に1727市町村と約53パーセントになっている。政府が目指した1000市町村には届かないが、ほぼ半減した。

平成の大合併で目立ったのがひらがな表記の自治体名だ。大合併が終わった後もそれは少しずつ増えており、大合併以前には全国に北海道えりも町《ちょう》、青森県むつ市、福島県いわき市、茨城県つくば市、同ひたちなか市、東京都あきる野《の》市、滋賀県びわ町《ちょう》＊、和歌山県かつらぎ町《ちょう》、同すさみ町《ちょう》、山口県むつみ村＊、宮崎県えびの市の11市町村だけであったが、大合併後は別表のように39市町が加わって合計48市町に激増した（＊は平成の大合併で消滅）。なお、ここで対象とする「ひらがな市町名」には紀《き》の川《かわ》市、伊豆《いず》の国《くに》市、日《ひ》の出町《でまち》、隠岐《おき》の島町《しまちょう》のような助詞の用法によるものは含まない。

ひらがな市町の由来に注目すると興味深い。栃木県さくら市、群馬県みどり市、茨城県つくばみらい市など、普通名詞を一部または全部に採用したものを除けばすべて在来の地名のかな書きとなった。

それらの旧市町村名を調べてみると、ある傾向が浮かび上がってくる。たとえば福井県あわら市は坂井《さかい》郡の芦原町と金津町《かなづちょう》の２町合併、兵庫県たつの市は龍野市、揖保川町《いぼがわちょう》、新宮町《しんぐうちょう》、御津町《みつちょう》の４市町合併、高知県いの町《ちょう》は伊野町と本川村《ほんがわむら》、吾北村《ごほくそん》の３町村合併といった具合に、漢字表記の旧市町村名が含まれているのが目立つ。

　合併新自治体の名称にひらがなを用いたことについて、各自治体はどのような理由づけをしているだろうか。福岡県うきは市は、浮羽《うきは》郡浮羽町と吉井町《よしいまち》の合併であるが、住民へハガキ、封書、メール等による新市名称を平成15（２００３）年10月いっぱい募集した結果、浮羽市１９８通、うきは市１５７通、耳納《みのう》市（山地の名称）１０２通、みのう市51通、生葉《いくは》市（明治29年以前の旧郡名）32通という結果になった。これをもとに合併協議会で審議した結果、最後に残った「うきは・浮羽」を投票、うきは市12票対浮羽市７票でうきは市と決定。協議会で出された主な意見として「歴史ある浮羽の名前を残したいが、気分一新のためひらがなとしたい」「新しいやわらかい感じがするひらがなで」が挙げられている。

　他の事例でも「やわらかい感じ」という理由は目立つが、実際には「気分一新のためひらがなとしたい」の裏に隠されている横並び意識だろう。つまり合併する既存の市町村名のどれかを選んでしまうと「不公平」となり、あたかもその自治体に他が併合されるかの

「平成の大合併」から増えたひらがな表記の自治体名

北海道	せたな町・むかわ町・新ひだか町
青森県	つがる市・おいらせ町
秋田県	にかほ市
茨城県	つくばみらい市・かすみがうら市
栃木県	さくら市
群馬県	みどり市・みなかみ町
埼玉県	さいたま市・ふじみ野市・ときがわ町
千葉県	いすみ市
石川県	かほく市
福井県	あわら市・おおい町
愛知県	あま市・みよし市
三重県	いなべ市
兵庫県	たつの市・南あわじ市
和歌山県	みなべ町
徳島県	つるぎ町・東みよし町
香川県	さぬき市・東かがわ市・まんのう町
高知県	いの町
福岡県	みやま市・うきは市・みやこ町
佐賀県	みやき町
熊本県	あさぎり町
鹿児島県	南さつま市・さつま町・いちき串木野市
沖縄県	うるま市

ような屈辱的な思いがあったのではないだろうか。「やわらかい感じ」だけでこれだけ多くのひらがな市町が生まれるとは思えない。

思えばバブル崩壊後に金融業界再編で出現した、みずほ銀行、りそな銀行、あおぞら銀行などのひらがな名称の銀行名や駅名、「ふれあい○○」のような公共施設名の多発が背景のひとつに数えられるかもしれない。いずれにせよ、膠着《こうちゃく》語である日本語は語間にスペースがないので、ひらがな地名は非常に不便だ。各地の地名が全国民に知られているはずもなく、たとえば「花いっぱいのいの町」や「住んでみたいなべ市」と記された文章に戸惑う人は多いはずだ。前者は誤植と思われそうだし、後者は「住んでみた・いなべ市」か「住んでみたい・なべ市」かの正しい判別が可能であるためには、この市名を知らなければならない。

もうひとつ、ひらがなの既存地名に決した際に、新市役所（町役場）の場所をその既存地名の町に置かずに、市名を譲った自治体エリアに置いているケースが散見する。たとえば北海道せたな町《ちょう》役場は旧瀬棚町でなく旧北檜山町《きたひやまちょう》であり、茨城県かすみがうら市役所は旧霞ヶ浦町《かすみがうらまち》ではなくて旧千代田町《ちよだまち》、群馬県みなかみ町《まち》役場は旧水上町ではなくて月夜野町《つきよのまち》、前述の福井県あわら市役所は旧芦原町ではなくて旧金津町、福岡県うきは市役所も旧浮羽町ではなくて旧吉井町、鹿児島県さつま町役場《ちょう》は旧薩摩町ではなくて旧宮之城町《みやのじょうちょう》、といった具合である。もちろんそうでない例も多いが、「市名は譲るが役場はもらう」といった「密約」がなかったと誰が断言できるだろう。そんな話があったとすれば、歴史的文脈で考えるべき地名が政争の具に使われたということになる。あくまで仮定の話であるけれど。

●先行した市内のひらがな町名

平成の大合併で大ブレークしたひらがな市町だが、市内の町名レベルではずいぶん以前からひらがなが目立つようになっていた。おそらく高度成長期の新興住宅地だろう。これらの地名は既存の歴史的地名ではなく、決まって可憐《かれん》・清潔なイメージをもった鳥や花などの名前が選ばれている。

ひらがな町名は圧倒的に大都市圏に分布している。横浜市内では青葉区に集中しており、多くが東急田園都市線の沿線だ。全部挙げると、あかね台（平成2年）、あざみ野（昭和51年）、あざみ野南（平成4年）、さつきが丘（昭和45年）、しらとり台（同42年）、すすき野（同48年）、すみよし台（同51年）、たちばな台（同46年）、つつじが丘（同39年）、みすずが丘（平成7年）、みたけ台（昭和50年）、もえぎ野（同46年）、もみの木台（同48年）と多数にのぼる。
これらの地名は『横浜の町名』（横浜市市民局　平成8年）によれば、すすき野が「武蔵野とススキは縁の深いもの」、つつじが丘は「花が美しく、町づくりにふさわしい名称」、みすずが丘は「周辺には竹林が多く、篠竹はみすずと呼ぶ」など歴史的地名とは関係のない由来が並んでいる。この中で、すみよし台が「住吉神社があり」とあるのが異色な程度だろうか。いずれにせよ従来の森や耕地を削った勢いで旧来の大字・小字の地名を消し、新たに命名したものだ。大都市圏の近郊では似た発想のものが居並んでいるが、命名された時代の流行もあるようで、最近では、新潟市東《ひがし》区はなみずき、青森市けやき、石川県金沢《かなざわ》市みずきのように「台」や「野」がつかないものも目立つ。

南を「みなみ」とひらがな書きしたものもあり、たとえば東京都八王子《はちおうじ》市のみなみ野。横浜線に「八王子みなみ野」という駅ができた平成9（1997）年に町も誕生した。前年には埼玉県滑川町《なめがわまち》みなみ野がひと足先にデビューしているが、全国初の「みなみ」は昭和56（1981）年の横浜市南《みなみ》区永田《ながた》みなみ台だろう。他の方角では愛知県知多《ちた》市にしの台（昭和51年）がある。こちらは佐布里《そおり》の西谷という地名に由来するというから、谷を台に転じたわけだ。他には青森県十和田《とわだ》市ひがしの（平成14年）、茨城県守谷《もりや》市ひがし野

（平成16年）がある。

概念語が目立つのも最近の傾向かもしれない。前述の横浜市青葉区には美しが丘が昭和44（1969）年に登場しているが、送り仮名つきの地名は珍しい。東急田園都市線たまプラーザ駅前に位置してブランド地名化したのか、同じ「美しが丘」は千葉県四街道《よつかいどう》市（平成元年）、札幌市清田《きよた》区（平成4年）、大阪府高槻《たかつき》市（平成6年）、栃木県小山《おやま》市（平成12年）と全国に飛び火している。希望に満ちた町は人気が高く、北海道苫小牧《とまこまい》市のぞみ町《ちょう》、大阪府和泉《いずみ》市のぞみ野、北海道江別《えべつ》市ゆめみ野、埼玉県松伏町《まつぶしまち》ゆめみ野などがあるが、平成12（2000）年にできた北海道江別市豊幌《とよほろ》はみんぐ町《ちょう》は異色だ。函館《はこだて》本線豊幌駅の東側で国道12号の交通量は多いけれど、思わず鼻歌が出てしまう住宅地なのだろう。

●難読地名ゆえのひらがな化も

そんな中で、難読地名をひらがな表記したものも少なくない。千葉市花見川《はなみがわ》区こてはし台は、その南方に位置する犢橋町《こてはしちょう》に関係している。犢の字は重荷を負うことができる壮健な牡牛《おうし》（特負牛《こといのうし》・特牛）の意であるが、地名には滅多に使われず難読であるためだろう。同じく市内の緑《みどり》区おゆみ野も生実町（江戸期には生実《おゆみ》藩も存在）で、字はともかく難読ゆえのひらがな表記だろう。傑作なのは山形県酒田《さかた》市の旧市街の東側に位置する「こあら」で、古荒新田《こあらしんでん》にちなむ。廃田を意味する「古荒」を復旧させて新田とした土地だ。ひらがな表記ではオーストラリアのコアラにしか見えないが、新しい住宅地なので錯覚を意図しているのかもしれない。

外来語系の造語は従来カタカナ地名だったはずだが、昨今ではあえてひらがな表記する例が目立つ。山口県宇部《うべ》市あすとぴあ（郊外の丘陵地）、同県下関市あるかぽーと（港に面した埋立地）など国籍不明風の地名があちこちで出現している。岐阜市三輪《みわ》ぷりんとぴあはプリント（印刷）＋トピア（場所「トポス」より）で印刷工業団地だ。第1章で紹介した福岡県宗像市くりえいとも同類である。

●近年増殖著しいカタカナ町名

カタカナの自治体名は、現在では山梨県南《みなみ》アルプス市と北海道ニセコ町《ちょう》しかないが（かつてはコザ市、マキノ町が存在）、市内の町名にはもっと大胆に用いられてきた。カタカナで表記する地名は明治の地租改正時にはもっぱら漢字が与えられていない小字名が多かった。たとえば東京都奥多摩町《おくたままち》大字小丹波《こたば》のヲタギ下、アカグナ、サス、ヒナザスといったものである。このうちサスは焼畑関係の地名だ。また北海道に存在するアイヌ語由来のカタカナ地名、たとえば小樽《おたる》市オタモイ、稚内《わっかない》市ノシャップなどはむしろ歴史的地名なので、ここでは取り上げない。

近年増えているのは欧米語由来のカタカナ町名である。富山県小矢部《おやべ》市には「メルヘンランド」（メルヘン＝ドイツ語、ランド＝英語）が新興住宅地に正式に命名されている（平成15年）が、かつての「名物市長」が市内各所にメルヘン建築を建てる政策を進めていた関連だろう。実際にバッキンガム宮殿風の公民館や東京駅に似せたサイクリングターミナル、ヴェルサイユ宮殿を模した中学校、大浦《おおうら》天主堂のような保育所などが知られているが、人口減少と維持費の高さ、他の建物への流用が困難といった理由で取り壊しが少しずつ進められている。しかしメルヘンランドと名づけられた町はごく普通の住宅地だ。

カタカナ町名の古株としては、いずれも新興住宅地の町名として命名された神奈川県横須賀市ハイランド（昭和50年）、さいたま市西《にし》区プラザ（同59年）などがあるが、平成に入ってからは全国各地に続々と出現している印象だ。滋賀県湖南《こなん》市にはサイドタウン一丁目〜四丁目が平成20（２００８）年に誕生している。名神《めいしん》高速道路に面した「ハイウェイサイドタウン」を短縮したもので、以前は菩提寺《ぼだいじ》という大字の一部だった。菩提寺といういかにも歴史的な地名からサイドタウンへの変化はまさに劇的である。

能登《のと》半島の北部にある石川県輪島《わじま》市は「輪島塗」の伝統あるイメージがあるのだが、埋立地に命名したのはマリンタウン（平成16年）。ひねらずストレートなのが山口県柳井《やない》市ニュータウン南町《みなみまち》（平成11年）で、これはもと古開作《こがいさく》と称する土地であった。開作は新田開発に由来する山口県特有の地名である。寛文3（1663）年に開かれたもので、その後貞享《じょうきょう》3（1686）年に新たに開作ができた後に「古く開かれた方」を区別する意味合いで古開作になった。農地ではないがニュータウンも平成の「開作」には違いない。

●テクノのつく町名も急増

ハイテク関連業界がもてはやされ始めた頃、平成に入った頃から「テクノ」のつくものが各地に散見されるようになってきた。たとえば札幌市厚別《あつべつ》区の下野幌《しものっぽろ》テクノパーク（平成3年）、福井県若狭町《わかさちょう》若狭テクノバレー（同年）、大阪府和泉市テクノステージ（同11年）、高知県香美《かみ》市の土佐《とさ》山田町《やまだちょう》テクノパーク（同15年）、鹿児島県霧島《きりしま》市国分《こくぶ》上野原《うえのはら》テクノパーク（同17年）、岐阜県各務原市のテクノプラザ（同20年）、宮城県大和町《たいわちょう》テクノヒルズ

（同21年）など全国に分布している。テクノプラザはもともと須衛町《すえちょう》などの一部であった。かつて須恵器《すえき》の産地だったことにちなむ地名なので、昔の職人技テクノロジーが現代にプラザ（広場）をつけて再登場した雰囲気である。

札幌市の北に隣接する北海道当別町《とうべつちょう》にはスウェーデンヒルズという町がある。もとは獅《し》子内《しない》という地域の一部であった。その名の通りスウェーデン住宅が並ぶ新興住宅地で、その会社のサイトによれば「景観が統一された美しい街並みは、一瞬、北欧の街に足を踏み入れたのではないかという錯覚すら覚えます」とあるが、私が行ってみた限り誇張はまったくなかった。スウェーデン風な住宅地にしてはスウェーデン語ではなく英語のカタカナ表記なのは気になるが……。

要するにキラキラ地名というのは、あくまで「その時代に生きる人の感覚」に照らして心地良く、住んでみたいと思わせることだけに主眼を置いた底の浅い命名である。数十年経ってその地名が陳腐化してしまったらどうするのか。時代の感覚に合わせてまた変えるつもりだろうか。歴史的地名と今出来のキラキラ地名の違いは、数十年経《た》ってすっかり時代後れになったビルと、歴史をくぐり抜けてきた法隆寺《ほうりゅうじ》の五重塔にたとえれば適切かもしれない。

第4章　土地の安全性が地名でわかるのか

平成23（2011）年に起きた東日本大震災で広範囲が被災地となり、にわかに地盤についての関心が高まった。そこで世間から注目を集めたのが「地名と災害の関係」である。日本の地形は複雑でさまざまな土地条件が存在し、それに関連する地名が多く名づけられてきたことは確かだが、安易にそれを災害と結びつける擬似科学的な言説が広まり、これが意外に信じられているのは困ったものだ。本章では災害と地名の本当の関係をじっくりと考えてみたい。

忌避される「福島」の地名

●福島は「災害地名」なのか

星野リゾートの代表取締役社長をつとめる星野《ほしの》佳路《よしはる》氏が「福島」の県名を変更すべきと主張して話題になった。『ホテル旅館』2019年1月号に掲載された星野氏による記述の一部を引用しよう。

星野リゾートは福島県にアルツ磐梯《ばんだい》と猫魔《ねこま》スキー場を経営しておりますが、原発事故後の風評被害は今でも続いており、他の地域が享受しているインバウンドの伸びはありません。海外で営業活動を行なっていると、「Fukushima」という言葉は原発事故の代名詞になっていると実感します。業界ではさまざまな努力が行なわれており、会津というパンフレットを作りそこには福島と書かなかったり、福島に来るツアーなのにわざわざ山形空港を利用したりという具合ですが、私はこれらは本来あるべき姿ではないと思っています。こういう現状を踏まえ、中長期的な成果を現実的に考えると、福島県は県名変更すべきであると考えます。

どう思われるだろうか。平成23（２０１１）年3月11日、東北地方太平洋沖地震の巨大な津波によって福島第一原子力発電所は非常冷却のための全電源を失い、原子炉を制御することができずにメルトダウンという最悪の結果に至ったのは周知の通りである。広範な放射能汚染のために住み慣れた故郷に留《とど》まることができず、今も遠くの仮住まいに耐えている人、新たな土地に永住することを辛《つら》い思いで決断せざるを得なかった人は多い。たしかに事故を起こした原子力発電所が県名を採用していたばかりに、福島――フクシマが国内外で「原発事故の代名詞」となったのは間違いない。

実際に事故の後で福島県への多くの旅行がキャンセルになり、原発から直線距離でちょうど100キロも離れた会津地方であっても修学旅行などは行き先が変更になったという から、影響は深刻であった。距離だけで言えば宮城県白石市《しろいし》（74キロ）や茨城県高萩市《たかはぎ》（84キロ）、栃木県那須町《なす》（92キロ）の方が近いにもかかわらず、ただ「福島県」であるがためである。

この時に限らず、たとえば新潟県で中越《ちゅうえつ》地震が起きた時、被害がほとんどなかった新潟市や湯沢《ゆざわ》温泉などへの観光客が大幅に減少したこと、熊本地震でも被災の有無にかかわらず県内全体への観光客が激減したのは記憶に新しい。これらの風評被害でまともに打撃を蒙《こうむ》っている観光関連の業者としては「県名を改称すべき」と訴えたくなる気持ちは理解できなくもない。

さて、福島第一原子力発電所の敷地は福島県双葉《ふたば》郡大熊町《おおくままち》大字夫沢《おっとざわ》が大半を占め、北側の一部が双葉郡双葉町大字細谷《ほそや》にかかっているが、そもそも原発の名前はどのように名づけられているのだろうか。調べてみると、建設当時の市町村名が採用されているものが圧倒的に多い。福島以外の発電所を北から順に挙げてみよう。カッコ内は竣功《しゅんこう》当時の自治体名である。ここでは郡名を省略した。

泊《とまり》（北海道泊村）、東通《ひがしどおり》（青森県東通村）、女川《おながわ》（宮城県女川町）、東海《とうかい》（茨城県東海村）、柏崎刈羽《かしわざきかりわ》（新潟県柏崎市・刈羽村）、志賀《しか》（石川県志賀町）、浜岡《はまおか》（静岡県浜岡町＝現御前崎《おまえざき》市）、敦賀《つるが》（福井県敦賀市）、美浜《みはま》（同美浜町）、大飯《おおい》（同大飯町＝現おおい町）、高浜《たかはま》（同高浜町）、島根（島根県鹿島町《かしまちょう》＝現松江《まつえ》市）、伊方《いかた》（愛媛県伊方町）、玄海《げんかい》（佐賀県玄海町）、川内《せんだい》（鹿児島県川内市＝現薩摩《さつま》川内市）。

平成の大合併で自治体名が変わったものもいくつかあるが、この中では島根原発だけが県名を採用している。同原発は島根県庁から原発の建屋まで９キロと都道府県庁から最も近い原発として知られ、平成17（２００５）年には合併で松江市内となったことから、今では原発のある唯一の都道府県庁所在市となった。島根という県名は出雲国島根郡内の松江に県庁が置かれたことによるものであるが、島根郡は明治29（１８９６）年に意宇《いう》郡・秋鹿《あいか》郡と合併して八束《やつか》郡となって消滅している。ちなみに島根原発の所在地である片句《かたく》は旧秋鹿郡に所属していた。

島根原発が県名を採用した理由は聞いたことがないが、旧所属自治体である鹿島町の名称そのものが、領域が秋鹿・島根の両郡にまたがっていたための新しい合成地名（昭和31年成立）であったこと、また「鹿島原発」とすれば、茨城県の工業地帯で知られる鹿島町

（現鹿嶋市）や佐賀県鹿島市と同名になるため、誤解を招かないよう考慮した結果なのかもしれない。

●福島第一原発が県名を名乗る理由

事故を起こした原子力発電所が、敷地を占める地元自治体名の「大熊」や「双葉」ではなく、なぜ「福島」を採用したかについては少々調べてもわからなかった。昭和36（1961）年の9月に大熊町議会が、翌10月に双葉町議会がそれぞれ原子力発電所誘致の決議を行っているので、どちらかの町名を採用するわけにいかない事情があったのかもしれないが、設置場所が東北電力の営業エリアにもかかわらず、発電所の運営主体が東京電力であることが大きく関係しているのではないだろうか。

一般に地名を認識する際には、その人の居場所と対象の地名が遠ければ遠いほど「地名階層」は上位になり、近いほどそれが下位になる傾向がある。たとえば東京都庁のある新宿へ行くという話をする場合、隣県である神奈川県相模原《さがみはら》市に住む人なら「新宿へ行く」と表現することが多いだろうが、これに対して福島県いわき市に住む人は「東京へ行く」と言うのが一般的だ。もっと遠いイタリアから見れば「日本へ行く」と表現するかもしれない。もちろん人によって地理感覚の違いもあるから絶対的なものではないけれど、地名の遠近と階層は関連している。

「福島第一原子力発電所」の場合、東京都千代田区内 幸 町《うちさいわいちょう》に本社を構える東京電力であるからこそ、「大熊（双葉）」ではなく「福島」を選んだと考えるのは自然だ。東京から大熊町へ行く人が隣人に説明する際、「大熊へ行く」とは言わず「福島へ行く」と言うのがふつうの感覚であるように。仙台市に本店を構える東北電力の女川原子力発電所が「宮城原発」でないのもその点で法則通りである。もちろん同じく東北電力の営業エリアである新潟県内にある東京電力柏崎刈羽原子力発電所が「新潟」を名乗らない理由はわからないが、あるいは柏崎という市の知名度の高さが影響しているのかもしれない。「福島」が日本の原子力発電所の黎明《れいめい》期に建設（昭和46年に１号機稼働開始）されたことが関連した可能性もある。「明るい未来のエネルギー」とされていた時代背景もあるだろう。

さて、横浜市の西郊に住んでいた私が子供の頃、テレビドラマや漫画でよく耳にしたのが、地方出身者が戸惑いながら口にする「福島の田舎から出てきました」という台詞であった。福島県の福島市でも須賀川《すかがわ》市でも大熊町でもない、どこでもいいから「そのへんの農村から来た田舎者」のステレオタイプとして首都圏人には通じやすかったのだろう。首都圏に住んで東京へ通う生活がどれだけ高級か知らないけれど、根拠のない妙な優越感が関東の人にあるのは間違いなさそうだ。現在でこそあからさまな表現は控えているけれど、東北本線を「宇都宮線」と呼び替えるなどその意識の端的な表われ、などと言ったら邪推だろうか。そういえばかつては「白河以北」などという一種の蔑称《べっしょう》もあった。

電力の大消費地・首都圏に貢献するために、どこか知らない福島の……という感覚がこの原発の命名の背景になかっただろうか。万一の事故があっても首都圏には災厄が降りかからない、東京近辺に住む人たちにとっての安全地帯。そんな意味合いでの「福島の田舎」に由来するとしたら、その命名の罪深さは底知れないものがある。

●水俣や四日市の地名は変わらない

事故や公害などで悪い意味で有名になってしまった地名はその後どうなっているだろうか。たとえば「水俣《みなまた》病」である。肥料製造企業であるチッソ（旧称・日本窒素肥料）という会社が長年にわたり海中に工場廃水を流し続けたことにより、深刻な有機水銀中毒の症状が広く生じた、日本では代表的な「公害事件」であるが、病名には加害企業の工場所在地であり、かつ被害者の多くが住む地名を冠してしまった。「四日《よっか》市《いち》ぜんそく」などもその類《たぐい》で、その配慮のなさは現代的な感覚では到底考えられないレベルのものであるが、当時はこれに限らず、台風の名前でも枕崎《まくらざき》台風、室戸《むろと》台風、狩野川《かのがわ》台風といった、上陸地や主な被災地域をズバリ示す命名が当たり前であった。

環境汚染地域として不名誉にも都市名を冠されてしまった水俣市や四日市市であるが、両市とも名称を変えてはいない。名指しされた病気や災害はその町の地理や歴史のごく一断面に過ぎないし、重層的な都市のあり方を考えれば、その一事をもって改称すべきという安易な発想には至らないのだろう。少なくともこの両市の住民は冷静な大人の対応をしてきた。公害などマイナスイメージの払拭《ふっしょく》を理由に自治体の改称が行われたという事例は聞いたことがない。

そもそも、福島という県名を星野社長は具体的にどのように変えようというのだろうか。「平成の大合併」で大流行したひらがな表記で、たとえば川の名を採用して仮に「あぶくま県」にしようという人がいたとすれば、阿賀川《あがかわ》（阿賀野《あがの》川の福島県内の呼称）流域の会津地方が黙っていないだろう。そちらが推す「ばんだい県」（やはりひらがな）派と対立するといった妄想が膨らんでしまうが、やがて震災時に巷間《こうかん》に溢《あふ》れた言葉を用いて「きずな県」で両派が納得して正式決定、などと空想を広げると憂鬱《ゆううつ》になるが、そもそもこの改称によって福島第一で起きた原発事故と、その後も現在まで解決されることなく延々と続く被災地の重い課題などをきれいさっぱり「なかったこと」にできるはずもない。

●帝銀事件と三河島事故が地名を葬った？

自治体レベルではマイナスイメージの地名を変えたことがないとしても、その下位階層の町・大字レベルではそのような地名を葬り去った事例は存在する。たとえば東京都豊島区の椎名町《しいなまち》。町名は昭和14（1939）年からの比較的新しいものであるが、元は長崎村《ながさきむら》の中で石神井へ通じる往還の町場として家が建ち並んでいたこの地区の通称地名であったらしい（正式な小字名ではない）。幕末期に徳川《とくがわ》幕府の三卿《さんきょう》の一であった清水《しみず》家御用人、村尾正靖《むらおまさやす》が著した『嘉陵紀行《かりょうきこう》』にも「椎名町商人の家に貧しきはみえず」と記されている。

ところが戦後間もない昭和23（1948）年1月、帝国銀行椎名町支店で12人が毒殺される「帝銀事件」の舞台になったことで全国に知られた。その後昭和39（1964）年から41年にかけて実施された住居表示で新編成された町名の中に椎名町はなく、しかも新旧の地図を比較すれば一目瞭然《りょうぜん》だが、椎名町（一～八丁目）の大半が「南長崎《みなみながさき》」という新しい町名に入れ替わったことからも、悪印象が付着したこの地名を払拭すべく消されたと解釈するのが妥当だろう。江戸からの地名を語る上で救いであるのは、西武池袋線の椎名町駅がそのまま残っていることだ。

同じ都内荒川区の三河島《みかわしま》町も消えた町名である。戦国時代には文献に三河ヶ島、三河島村と見える歴史ある地名であったが、昭和37（１９６２）年５月３日に常磐線の三河島駅付近で３本の列車が相次いで衝突、死者１６０人を数える悲惨な事故となった。これを忌避して当該地域を荒川区荒川や東日暮里《ひがしにっぽり》などに変えたとされている。私も四半世紀前に初めて書いた地名の本にそのエピソードを疑わずに掲載したのだが、改めて調べてみるとどうもおかしい。

東京都23区エリアの町名や大字などの変遷を詳細にたどった『特別区町名町区総覧　東京大都市地域の記録』（公益財団法人特別区協議会編・時事通信社）によれば、三河島の大部分が荒川の町名に置き換えられたのは事故の半年前の昭和36（１９６１）年10月31日である。その時にわずかに残った部分が同39年７月１日に東尾久《ひがしおぐ》、同41年３月１日に東日暮里・西日暮里にそれぞれ分割編入されたことにより消滅した。

最終的に三河島という地名が消えたのが昭和41（１９６６）年であったため、そこに「事故との関連」を読み取った誰かが想像した「都市伝説」だろうが、数年間だけ残っていた部分はたまたま道路の境界からはみ出した小さな面積で、新旧の図を比較すれば当初から他町に分割編入する意図があったことは明らかである。安易に俗説を自著に引いてしまったことについて、私は反省しなければならない。

●目白はいいけど池袋はちょっと……

地名にマイナスイメージが付着するのは公害や事件だけでなく、たとえば「繁華街としてはよくてもわが住宅地にはふさわしくない」などと考える人がいれば、それが問題とされる場合もある。昭和40年代には全国の都市で怒濤《どとう》のごとく進められた住居表示の実施に伴って各地のおびただしい町名・町界が変更になったため、従前の町名から変更を余儀なくされる人も多く、これに関連する訴訟も珍しくなかった。

その訴えはもちろん「歴史的地名の保存」を訴えるという高い見識に基づくものもあるが、中には町名の変更によって自宅とその周辺の地価が下がりかねないといった損得勘定に由来するものも混在していたように思える。具体的には、たとえば「長らく目白《めじろ》に所属していた原告の居住地が西池袋に変わることによって盛り場イメージが付いてしまい、住宅地としての価値が下がる」といった言い分だ。

この種の話になると被差別部落への言及が避けられないだろう。長年にわたって差別を受けていた地区の苦しみを思えば、あくまでも歴史的地名を保存すべきと軽々に言えない部分もあるが、ある地域が被差別部落であったかどうかをインターネットで調べることは最近ではごく一般的に行われている。需要のあるところに供給が増えるのは世の常で、出所不明で誤りの多いガセネタの交じったデータがさらなる誤解を蔓延《まんえん》させるようにもなってきた。

関東大震災直後の「朝鮮人が井戸に毒を入れた」という出所不明な偽情報に由来して数多くの虐殺が起きた負の歴史がこれを物語っているが、①情報が限られた場面で、②不安を抱く多くの人が、③ワラにもすがる心持ちで情報を得ようとする際に活性化するデマと同根である。

●東日本大震災後に注目された「危険地名・災害地名」

平成23（2011）年3月11日に起きた東北地方太平洋沖地震（東日本大震災）は、マグニチュード9という国内の観測史上最大の地震であった。津波の規模も過去にほとんど例のないもので、869年（平安時代）に発生して大きな津波被害を伴った貞観《じょうがん》地震以来とされる。

東日本大震災では地震そのものによる建物の倒壊率はさほど大きくなかったが、非常に強力で高い津波の与えた被害が空前の規模にのぼったこと、これに加えて軟弱地盤での液状化が広範囲で発生したことにより、地盤に対する世間の注目度はにわかに高まった。

地形と密接に関わる地名そのものに関心が集まるのは結構なことなのだが、無理解に起因する行き過ぎの例が、たとえばある週刊誌に載った「危険・安全な地名につく漢字一覧」と称する表である。これによれば「軟弱地盤地名」には窪（久保）、谷、沢、下、江、海、塩、磯、浦、浜、島、岸、橋、舟、津、池、沼、井、浅、芦、原、稲（その他多数）などの字が用いられ、「良好地盤地名」には山、峰、尾、丘、台、高、上、曽根、岬、森などがつくとして、ずいぶんと簡単に割り切っている。この類の特集は他にも数多く企画刊行され、地名表記に用いられた漢字が土地の安全性を判断する基準になると信じた人も少なくないだろう。

しかし考えてみれば地名から地質や地形を判断するのはずいぶん無謀な話である。たとえば「窪地《くぼち》には窪のつく地名が発生する」という説明は妥当だとしても、順番を逆にして「窪のつく地名は窪地である」と言ったら大きな間違いだ。狭い範囲を示す小字などを除けば、ある程度の面積をもった現実の大字・町名のレベルでは「窪のつく地名」の大半の領域が窪地ではない。

たとえば知名度の高い「クボ地名」のひとつである東京都杉並区の荻窪はどうだろうか。ここの地形を概観すれば、荻窪と名のつくエリア（荻窪・上荻・南荻窪・西荻北・西荻南）の大半は武蔵野台地の上にあり、その南部を流れる善福寺川《ぜんぷくじ》が浅い谷を形成している。具体的にこのうちどこが地名の由来となった「荻窪」であるのかは特定されていない。地名の由来については「和銅《わどう》元（７０８）年にある行者が笈《おい》を背負ってこの地に着き、荻を集めて草庵《そうあん》を結び、笈の中の仏像を安置した」（光明院《こうみょういん》縁起）とか、字義通りに解釈して「荻の繁茂する窪地」などとするものなどいくつかあるが、いずれにせよその窪地がどんな形状であったかは命名者に教えてもらう以外に知る由もない。ただ荻窪関連の地名がついたエリアの大半が台地上にあることだけは明確だ。

地名と地形条件が必ずしも一致しないことは、この一例を挙げるだけで十分だろう。前出の漢字一覧を作成した大学教授は、「このような漢字の用いられた土地は軟弱地盤の傾向がある」と相関関係を示しただけであり、元の論文にはさまざまな留保条件が付けられているのは言うまでもない。それでも興味本位でメディアに取り上げられた途端に表の文字だけが独り歩きしてしまう。これが時に「軟弱地盤の漢字は外聞が悪い」として地名を改めようという傾向になることを私は危惧《きぐ》している。

数年後にそれが現実のものとなったのが千葉県習志野《ならしの》市谷津《やつ》の事例だ。谷津は古くからの歴史的地名であるが、ある大手不動産会社が開発を行ったエリアを「奏の杜《かなでもり》」という町名に変更する計画が持ち上がったのである。ある習志野市議会議員から連絡をいただいたのだが、現地では「谷」の字が災害地名だとする懸念が実際に表明されることがあったという。

「奏の杜」はそもそも地名ではなく企業が創作した商標である。これを正式地名とすることそのものが地名保存の観点からは非常に問題の多い行為であるが、「谷」の字が災害地名の類としてやり玉に挙げられたとすれば、これは地名の将来にとって非常に危うい傾向だ。極端な話をすれば、どんなにズブズブの軟弱地盤であっても（谷津が必ずしも軟弱という意味ではない）、適当に土を被《かぶ》せて「○○台」などと銘打って売り抜ければめでたしなのか。

●「危険地名」は本当か

震災の後で、「これが危険地名だ」という類の言説が世に溢れた。たとえば宮城県名取《なとり》市の上余田《かみようでん》・下余田《しもようでん》である。余田は「よでん（ようでん）」と読むのだが、ある著者は「かつてはヨダと読んだに違いない」と決めつけ、「ヨダは津波を意味するから、津波が来た証拠」と自説を披露している。しかもヨダを津波とするのは岩手県の三陸《さんりく》海岸の方言だそうで、１００〜２００キロも離れた場所の方言と「かつての読み（推定）」が一致しているからと地名を推測するのは、あまりにも我田引水ではないだろうか。

少しでも地名をかじったことのある人なら、余田の字から連想すべきなのは古代の土地制度である。福井県越前市（旧武生《たけふ》市）北部に余田町《はぐりちょう》という地名が現存するが、古代編戸制において50戸で1里とすべきところを、それに満たない端数の村に余部（余戸）と名づけた。素直に考えればその類であろう。はぐり＝余りは現代語の「はぐれる」に通じる。

この著者によれば、秋田県にかほ市の象潟町《きさかたまち》にある塩越《しおこし》という地名も「津波が越えた」と推定され、福島県いわき市の小名浜《おなはま》や宮城県の女川（女川町）も津波を示す「男波」の変形という。福島第二原子力発電所の波倉《なみくら》は「波がえぐるクラ」。クラの地名が崖《がけ》を意味するのは一般的な解釈で、当地に海食崖《かいしょくがい》が多く見られるのも事実であるが、日常的な波が長い年月をかけて形成するのがこの地形であり、津波のように1回だけで出来上がるものではない。波倉のナミも海の波とは限らず、他の語であることを検討すべきだ。

●地名が陥りやすい「擬似科学」

明治期以前から、地名については多方面の学者や在野の研究者、それに愛好家たちがさまざまな側面から研究してきたが、人間の生活——農工業、漁業などの生業関連だけでなく各時代における土地政策や税制などの行政関連、これに加えて民間信仰を含む宗教的な用語、祭礼、雨乞《あまご》いや豊作祈願などの年中行事や道具の名称や使用法など民俗学的な知見、さらに地理分野では詳細な自然地形の呼称（方言によりさまざま）に始まって河川改修や水防に関する歴史、日照や降水状況といった気候、土地の肥瘠《ひせき》などといった土地条件など、地名の関わる守備範囲はきわめて広大なので、異分野の学者たちが協同作業で向かわないと解明できない難しさがある。

その点では他分野との協同が苦手な人が多く、共通言語が乏しいといった傾向があったようで、どうしても各自の専攻に偏った解釈を試みる論調が長らく濃厚だった。たとえばアイヌ語学者はアイヌ語、朝鮮語学者は古代朝鮮語にルーツを求めるし、地形学者は地形に重きを置き、民俗学者は人の生活実態に立って論を進めるといった具合である。

それに加えて、各地に存在する地名に関する伝承が議論に影響することもあれば、それらを全否定したりと混乱しているのが現状だが、いずれにせよ歴史的地名の大半は由来がわからない。「ある大名がこのような理由で変更した」などといった改称の明快な記録が残るものはむしろ例外で、地名を命名した本人に聞かなければわからないのである。そのご本人はとっくの昔にこの世の人ではないので、現代人としてできることといえば、各地に分布する同種の地名を比較検討して条件を考慮し、可能性の高い解釈を求めていくことしかない。

「この類の地名は危険」とセンセーショナルに書き立てれば、あるいは本や雑誌が売れるかもしれないが、いわれなき地名へのレッテル貼りが「飲み屋のネタ」のひとつにとどまらず、悪くすれば個人資産の価値を下げるおそれがあることを考えれば、地名の由来を自己流で断定し、非科学的な「デマ」を広めるのは厳に慎んでほしいものだ。そもそも命名から長らく経過した地名はあくまで広がりをもった存在であり、それをふまえれば「地名の安全性」という言葉自体が非科学的だ。医薬品に適用する法律に照らせば違法となるレベルの「擬似科学」は、そろそろ地名の世界から退場してもらいたいものである。

蛇落地悪谷という地名

●急斜面の麓の住宅地

平成26（２０１４）年8月19日から20日にかけて広島市周辺を記録的な豪雨が襲い、急斜面地の多い安佐北区《あさきた》と安佐南区《あさみなみ》を中心に大きな土砂災害が起きた。甚大な被害をもたらしたこの豪雨を気象庁は「平成26年8月豪雨」（7月30日からの総称）と命名している。強い雨が狭い地域に集中したため死者はこの2区に限定され、合計74名に及んだ。このうち特に安佐南区の八木地区では急斜面に建つ住宅地が土石流に押し流され、八木《やぎ》三・四・八丁目で全体の7割にあたる52名（うち三丁目だけで41名）が犠牲となった。家屋の全壊は１７９（うち安佐南区で１４５・西区で1）、半壊は２１７（同１２２）に及んでいる。大雨は前日の19日から降り続いており、長い時間に集中的な大雨を降らせる「線状降水帯」がかかったため、時間雨量は場所によって１００ミリを超えた。

八木地区の背後に聳《そび》える阿武山《あぶさん》は標高５８６メートル、八木の住宅地はその麓《ふもと》のおおむね標高12～70メートルの緩斜面にある。山頂から住宅地までの標高差は５００メートル以上にのぼるが、その間に地形的に「緩衝地帯」はない。地質は下部の風化しやすい花崗岩《かこうがん》の上に粘板岩などを含む付加体の硬い岩盤が載っているため、下部の方でより侵食が進みやすい。このため長い期間をかけて急斜面が形成されてきた。

地形図によれば阿武山頂から標高100メートル付近までは等高線間隔がぎっしり詰まって勾配《こうばい》はおよそ50パーセント（水平距離100メートルに対して50メートルの高低差、斜度約27度）内外であるが、その下側は勾配が約20〜30パーセントと一気に緩くなっている。宅地化されているのはそこから下だが、30パーセントといえば斜度約17度で、自動車が登れる限度に近い。ここから太田《おおた》川までは徐々に傾斜が緩くなっていくが、そもそもこの緩斜面を形成したのは土石流である。

継続的な土砂の堆積《たいせき》で沖積錐《ちゅうせきすい》（小型で急な扇状地＝土石流扇状地）ができ、当地は隣接した沖積錐どうしが連続して形成されたものだ。斜面形成のメカニズムがわかれば、ここで土石流がしばしば発生するのは当然のことと推定できるが、大きな人口規模を持つにもかかわらず平地の少ない広島市では、特に戦後の人口急増期に「背に腹は代えられない」という状況で急斜面の宅地化が各地で進んだ。

●ヤマタノオロチは土石流か

この災害で注目されたのは「蛇落地《じゃらくち》」あるいは「蛇落地悪谷《あしだに》」という地名である。テレビや新聞、ネットなどのメディアでも大きく報道されたのでご記憶の方が多いかもしれない。テレビでは地元の老人が「昔は蛇が降りるような水害が多かったから蛇落地と名づけられた」と証言していた。その人もおそらく親の代からその言い伝えを聞いていたのだろう。

土石流は古くから蛇に喩《たと》えられることが多く、蛇が登場する数々の昔話という形で伝えられてきたとされる。代表的なものといえば神話の「八岐大蛇《やまたのおろち》」だろうか。出雲を流れる斐伊《ひい》川の上流では古くから鑪《たたら》による製鉄が盛んで、原料の砂鉄は大量の土砂から「鉄穴流《かんな》し」という方法で採取するため河床が徐々に上がってしまい、その結果として洪水が頻発するようになった。砂鉄を溶かして鉄にするためには燃料の木材を大量に消費するため山の保水力も低下し、さらに洪水を引き起こすという状況があった。これは流域の稲作農民にとっては迷惑な話で、このことから「オロチが製鉄民、それにさらわれる娘が稲作農民を象徴する」という説もあり、大国主命《おおくにぬしのみこと》が助ける櫛名田比売《くしなだひめ》が「奇稲田姫」と表記されるのもそのヒントらしい。

長野県の木曾谷《きそだに》の南西端に位置する南木曽町《なぎそまち》には蛇抜沢《じゃぬけさわ》という川が流れている。南木曽駅から旧中山道を北へ歩いてすぐの蛇抜橋が跨《また》ぐ細流であるが、この川はわずか１・５キロの短さにもかかわらず比高が５００メートルという急流だ。南木曽駅の東側にある集落を伴った緩斜面はこの川の土石流によって形成された沖積錐で、川の上流部には崩壊地が目立つ。長野県建設部砂防課のホームページによれば、蛇抜沢の流域は主に中生代白亜紀の花崗岩と花崗閃緑《かこうせんりょく》岩であり、断層帯の動きでそれが破砕されて崩れ、マサ化（細粒化）が進んでいるため、過去しばしば土石流を繰り返してきたという。

その少し北側を流れる梨子沢《なしざわ》では平成26（２０１４）年7月9日に土石流災害が起きた。この川は南木曾岳（標高１６７９メートル）の北西斜面から下ってくる急流で、蛇抜沢とほぼ同じ土地条件だが流域面積はより大きく、この時には1人が死亡、10戸が全壊、3戸が一部破損という被害が生じた。その後は国土交通省による砂防堰堤《えんてい》の新設と復旧工事が行われているが、同29年に当地に建立された「平成じゃぬけの碑」には次のように経緯が記された。その前半を抜粋する。

夏らしい暑い日だった

昼過ぎから雲が出てきた
三時過ぎから雨が降ってきた
猛烈な雨になった
一時間程白い雨が降った

平成二十六年七月九日午後五時四〇分
麓では雨が降りやむ頃「蛇抜け」が出た
南木曽山の頂から蛇抜けが出てきた
堰堤を乗り越え　梨子沢を一気に下ってきた
幾つもの堰堤がこらえた
その上を轟音とともに乗り越えてきた
道路を　橋を　線路を　住宅を呑み込んだ
（以下略）

全国を見ても「蛇抜」という大字レベルの地名は存在しないが、「地理院地図」で検索してみると静岡市の大井川最上流にその名の川が見つかる。駿信《すんしん》国境（静岡・長野県境）に聳える塩見岳《しおみだけ》（標高３０４７メートル）から流れ下る西俣《にしまた》の支流で、蛇抜沢と新蛇抜沢がある。いずれも流域には崩壊地があり、特に新蛇抜沢の方はかなり大規模な崩壊が目立つ。

ジャ（多くは蛇）のつく河川名や地名は全国に分布しており、「ジャの地名が土石流由来」というのは地名学的にはよく知られている。山間部だけではなく、たとえば東京都目黒区では、かつて大雨が降れば平時とはうって変わって暴れ川となった蛇崩《じやくずれ》川（現在は暗《あん》渠《きよ》化）もその例だ。

●八木地区の「蛇落地」地名を隠した？

広島市が災害後に作成した『平成26年８月20日の豪雨災害避難対策等に係る検証結果』の資料編には、地元住民による自由記述回答が採録されているが、これによれば「八木地区の阿武山にはオロチがいて、太田川に水を飲みに来る」「平原地区では昔『ジャヌケ』があった」「昔大きな災害があり『蛇抜け』と呼ばれる地区がある」「50～１００年に一度蛇抜けがあるので気をつけること」「阿武山は昔から水の道がある」といった伝承の存在が浮かび上がっている。最後の「水の道」は、通常はほとんど水が流れていない谷であっても、大雨の際には激流となるもので、これは急峻《きゅうしゅん》な等高線をたどっていけば容易に見つけることができる。

安佐南区八木地区の「蛇落地」という地名は後に「上楽地」と字を改められた、と後にメディアによって報道されたが、字が変わったことによって土地の履歴が意図的に隠されたのではないかという、ある意味でジャーナリスティックな視点であったために注目度も高まったようだ。

しかし、ここで理解しておかなければならないのは、日本の地名表記がなるべく良い意味の字を充当することを古代から奨励してきた事実である。しかもその多くが後から地名の音に字を当てたものであった。蛇落地の地名については、『想いでの佐東町《さとうちょう》』の冒頭に掲載された小字図がネット上で写真として出ているので参考になった。ところがこの図によれば該当する地域には「上楽地」と「足谷」しか見えない。他の記事でも上楽地は江戸時代から存在したことが言及されており、悪谷という表記の地名があったかどうか明確な根拠を挙げた情報は見つからない。ためしにこの地域では最も古い地形図である明治27（1894）年測図の2万分の1地形図「祇園《ぎおん》」で確認したがやはり上楽地の表記であり、蛇落地ではなかった。

一般論ではあるが、小字は明治前期の地租改正の際に地番をつけるために整理統合されたものが多く、基本的にはこの小字名が正式な所在地の表記に長らく用いられてきたため、それ以降にわざわざ用字だけを変えることはあまり例がない。戦後になって圃場《ほじょう》整備などの際に現況と地割りがまったく食い違ったために小字を境界もろとも改変することはあっても、少なくとも当該地のような住宅地または山の斜面地で戦後に用字そのものを変えるとは考えにくい。

手元の『角川』DVD-ROM版では阿武山の項目に次のような記述があった。

「八木字上楽地にある蛇落地観世音菩薩は弘化4（1847）年まで山頂にあった（佐東町史）。香川勝雄《かがわかつお》の大蛇退治の伝説の地。大蛇を退治した勝雄は大蛇の毒気にあてられ眼を病むが、目薬滝の霊水で癒えたと伝えられる」

香川勝雄は安芸《あき》国（現広島県西部）の戦国武将で、蛇が退治されたところが蛇落地とされているらしい。それがいつ上楽地に変わったかは不明だが、いずれにせよ明治期頃までの地名表記における漢字の用法は実にアバウトであったから、両者が並行して使われていた可能性もあり、そのあたりを追究してもあまり意味はない。ルビも「じゃらくち」「じらくち」と何通りかあるようで、特に標準語中心で考えがちな現代感覚で地方の地名の読み方を云々《うんぬん》するのは間違いのもとである。

数年前のことだが、名古屋市の鶴舞（昭和区《しょうわ》）という地名にかつてツルマとルビが付されていたのを知り、いつツルマイになったのか当地の老人に伺ったところ「ツルミャア」と明快に発音され、その問いが無意味であることを痛感した。つまりツルマもツルマイも実際に土地の人が話す言葉を仮に写した「発音記号」に過ぎないのである。

話がそれてしまったが、八木字上楽地が現在の「八木〇丁目」になった経緯は、まず町村制施行に伴う明治22（1889）年に広島県沼田《ぬまた》郡八木村字上楽地〇番地（同31年から安佐郡に所属）としてスタートした。それが昭和30（1955）年には町村合併促進法に基づく合併で同郡佐東町大字八木となり、同48年に広島市への編入で同市佐東町八木、同55年から区制施行で同市安佐南区八木、さらに同59年には住居表示が行われて安佐南区八木一〜九丁目（山林は八木町）として現在に至る。いつの時点で「字上楽地」が廃止されたかはわからないが、いずれにせよ住居表示が実施された時には消えている。字を廃止したプロセスは他市と同様で不審な点はないから、旧地名を「隠した」わけではないことは確かだ。

地名が命名された地点と土地条件

●自由が丘は本当に丘なのか

東京都目黒区には自由が丘という「ブランド地名」がある。最初は舞踏家の石井漠や自由ケ丘学園の手塚岸衛が名乗り始めたようで、これが駅名にそのまま採用されて自由ヶ丘（現自由が丘）駅が誕生した。昭和4（1929）年10月22日、東京横浜電鉄（現東急東横線）が九品仏駅を改称したものである。

いずれにせよこの地名を耳にする人は、街が「丘の上」にあることを疑わないだろう。ところが地形をよく観察すれば標高は22メートルから39メートルまで所によって差が大きい。地形図で等高線を追うのは大変だが、「土地条件図」なら一目瞭然だ。具体的には町域の北側が東京都区部で最も高い「下末吉《しもすえよし》面」に属する平坦《へいたん》な台地である一方、坂道を降りた南側はかつて九品仏川を中心に水田が広がっていた谷である。駅の前後で地面と同じ高さを走っている東横線が、自由が丘駅の前後だけ高架なのはそのためだ。だから九品仏川の谷を走る、後から開通した大井町線の上を東横線は自然に跨いでいる。

自由が丘駅前はかつての水田地帯で、駅の南側を通る緑道がかつての九品仏川だ。その旧河道が世田谷区奥沢《おくさわ》との境界で、ここから南へ歩けば田園調布方面へ向かって上り坂となるため、「自由が丘という谷」から「奥沢という台地」へ上っていくという、地名と現況の逆転現象が起きている。

同じ目黒区内には青葉台《あおばだい》という町がある。昭和43（1968）年に上目黒《かみめぐろ》の一部を分割して誕生したもので、『角川』に載った由来は「目黒川沿いの台地で樹木の多いことによる」とあるが、町域のうち台地はおよそ半分だけで、残りの半分は目黒川沿いの沖積地だ。標高は台地上が最高地点で36メートルあるのに対して、最低地点は9メートル台と低い。こちらもかつては蛇行して流れる目黒川沿いの水田地帯であった。

東京都日野《ひの》市は市内にダイナミックな多摩川の河岸段丘を擁しているが、旧甲州《こうしゅう》街道の日野宿は日野台地（100メートル以上）の下の、標高72〜76メートルの自然堤防上に位置している。大字日野は広大な面積を占めていたため、戦後に少しずつ着手された町名地番整理事業では「日野本町《ひのほんまち》」や「神明《しんめい》」といった町を新たに設定した。日野駅の西側では日野宿から日野台に上っていく旧甲州街道の大坂にちなんで「大坂上《おおさかうえ》」という町名ができたが、市役所の担当者や町名地番整理審議会の委員に地形の概念が欠如していたのか、大坂上のエリアを坂の下まで含めてしまったため、河岸段丘をはるかに仰ぐ坂の下が「大坂上」という実に奇妙なことになったのである。これも地形と地名の不一致の例だ。もちろん大坂上の町内でも「坂の上」のエリアでは地名と実態が一致しているのだが。

●歴史的地名でも名と体は一致せず

自由が丘や青葉台といった比較的新しい地名で地形と地名が一致しないのは仕方がないと思われるかもしれないが、実は歴史的地名でも同じことだ。

千葉県市川市真間《まま》を取り上げてみよう。真間の地名は奈良時代から文献に見える古いもので、万葉集に詠《うた》われる手児奈《てこな》というヒロインで知られているが、地形的にはママは崖を表わしている。南に延びる砂堆（砂丘）との間には海が入江のように入り込んでいたようで、万葉集でもうひとつ真間が出てくる「葛飾《かづしか》の真間の浦廻《うらみ》を漕ぐ船の船人騒く波立つらしも」という歌は、その入江の様子を教えてくれる。

後年になってこの内海（ラグーン）は陸になってやがて水田化され、特に関東大震災以降に急速な市街化が進んだ。東京との交通の便の良さからまず砂堆上の千葉街道（現国道14号）とその両側を並走する総武本線や京成電気軌道（現京成電鉄）沿いから住宅が進出し、昭和10年代までには真間川に沿うかつての水田もほぼ宅地化されている。

現在の真間はその名の元となった急斜面地の森林や寺社地などを除けばほぼ宅地化が終わっているが、ざっと地形分類をしてみると、地名の元となった崖地の占める割合は1割に満たず、台地（上位段丘は標高20～22メートル、中位段丘は12～15メートル）が3割、南側の砂堆（5～7メートル）が1割、残りの約半分は標高の低い沖積地（3メートル前後）という具合である。同じ「真間」という地名のエリア内でも、いかに地形的にバラエティに富んでいるかがわかるだろう。参考までに標高を掲げたが、それだけでなく地盤の条件が所によって異なるのは言うまでもなく、「真間の地名が崖に由来する」ことが間違いないとしても、「真間の土地イコール崖地」では断じてない。

●崩壊地名で災害が本当に多いのか

災害地名研究家の小川豊《おがわゆたか》氏は旧建設省四国地方建設局に勤める傍ら、長年にわたって崩壊地名の研究にあたった人である。実際に土砂災害の現場に赴いて地名との関係を常に考えてこられたようで、個別の地名に災害の具体的な事例を記すスタイルでいくつもの書籍を上梓《じょうし》している。

実際それがどのようなものであるか、『日本「歴史地名」総覧』（新人物往来社）に掲載された小川氏による「崩壊地名の事典」から実際の災害事例が掲げられた部分を少しだけ引用してみよう。現在の自治体名は〔　〕で補った。

アズ　一九八七年に山形県温海町《あつみ》〔鶴岡市〕で集中豪雨により温海川など数河川が氾《はん》濫《らん》、温海災害。〔中略〕一九八五年、新潟県青海町《おうみ》〔糸魚《いとい》川《がわ》市〕玉ノ木山は通称熱田《あった》山《やま》でアツ（アズの訛語《かご》、各地に例あり）、崩壊により死傷者さえ出している。

アバ（アワ・アブ・アベ・ウバ）　徳島県山城町《やましろちょう》〔三《み》好《よし》市〕大歩《おおぼ》危《け》字アバ（俗称）は一九八七年七月に土石流発生。アバが清音化してアハ。アバは褫《あば》けで、剝《は》げて崩れるの意。褫落《ちらく》。阿波《あわ》国阿波郡〔阿波市ほか〕は中央構造線上にあり、典型的な崩壊地形である。

カキ（カケ・カゲ）　宮崎県日《ひ》之《の》影《かげ》町は一九八二年の集中豪雨で至るところが大崩壊。

カジ（カジヤ）　愛媛県長浜町《ながはまちょう》〔大洲《おおず》市〕上老《じょろ》松《まつ》カジヤはしばしば砂礫《されき》の荒野に変じる斜面で、明治一三年（一八八〇）から昭和四五年（一九七〇）の九〇年間の主な土（ママ）災害は二七回。

クエ（クイ）　愛媛県犬寄《いぬよせ》峠の柆野《くいの》〔伊予《いよ》市双海町上灘《ふたみちょうかみなだ》〕は滑落崖上の地名。すぐ側を伊予断層と称する中央構造線が走っている。四万十川で有名な中村市〔四万十市〕の大崩《おおくえ》、その支流後川右岸の久栄岸《くえぎし》は現在、一条通り四丁目と改称。同左岸は昭和三十八年の洪水で決壊した。中村市〔四万十市〕古津賀字崩岸《くえぎし》。

クヌギ（クキ）　愛媛県吉田町〔宇和島《うわじま》市〕国木《くぬぎ》は昭和六十三年六月に土砂崩れ。〔以下略〕

これらの崩壊地名が具体的な災害事例とともに掲げられているので、なるほど崩壊地名と実際の崩壊が関連しているのは事実なのであろう。しかし取り上げられたこれらの地名の領域で、他の地名の領域よりも災害発生の確率が有意に高いことを証明するためには、本来なら他のすべての地名について調査を行わなければならない。ところが「災害地名」を扱った書籍でそのような手法によって「崩壊地名で災害が起こりやすい」ことを科学的に証明した事例を私はまだ見たことがない。

土地の崩壊をきっかけとして命名された地名があるのが事実だとしても、そのことだけをもって崩壊地名の災害発生確率の高さを結論付けることはできないのである。

●地名がカバーするエリアは変遷する

横浜市は人口約３７０万人を擁する日本最大の市だ。地名の由来は諸説あるが、かつて湾入していた海へ向かって砂嘴《さし》（砂洲《さす》でできたクチバシ状の地形）が陸から半島状に突き出していたことからそう呼ばれるようになったとされる。小さな漁村だった横浜村は洲干島《しゅうかんじま》という名の砂洲の付け根に位置しており（そこが現在の元町《もとまち》）、半島で仕切られた内側は江戸期から新田開発が進められて陸化、さらに幕末の開国以来はまさに「横浜」たる砂洲上に中心市街が建設された。

明治22（１８８９）年に市制施行で横浜市が誕生した時点では、市域は現在よりきわめて小さかった。それが同34年に久良岐《くらき》郡本牧《ほんもく》村や橘樹郡神奈川町などが編入されたのを皮切りに同44年、昭和２（１９２７）年、同11年、同12年と次々と市域を広げ、市制施行からちょうど50周年となる昭和14（１９３９）年には当時の広大な農村部を大々的に編入してほぼ現在の市域が確定している。このうち特に旧戸塚《とつか》区（現栄《さかえ》区・泉《いずみ》区・瀬谷《せや》区を含む）や旧港北区（現緑《みどり》区・青葉区・都筑《つづき》区を含む）といったエリアでは純農村も多く、山林や谷津田、畑などの占める割合はかなり高かった。

市町村のエリアとしての「横浜」は市制施行時のわずか5・40平方キロから半世紀で400・97平方キロと面積は実に74倍となった（現在は埋立地の増加などにより437・56平方キロ）。最初の市域は実際の地形としての「横浜」の砂洲にほど近いエリアのみであったが、その後の拡張で山間部の谷戸地形から川沿いの沖積地、同じ浜でも中《なか》区の本牧や磯子《いそご》区の屏風浦《びょうぶがうら》のような海食崖もあれば金沢《かなざわ》区の文字通りの「長浜《ながはま》」までさまざまな地域が「横浜」となったのである。

そんなことは当たり前だと誰もが思うだろう。ところが市町村の下の階層にあたる大字の地名でも、そのさらに下の小字の地名であっても、それぞれがカバーする領域の面積は命名された地点の面積をたいていは上回る。そして地名は時として領域を変化させることが珍しくない。区画整理や圃場整備のような具体的な土地の変動もあるが、時に地名の合併が行われ、従前よりはるかに広いエリアを領有することになるのだ。

●淀橋の栄枯盛衰から見えること

たとえば新宿区にかつて存在した淀橋《よどばし》という地名の消長をたどってみよう。淀橋の地名は神田《かんだ》川《がわ》（神田上水）を跨ぐ青梅街道の橋に由来するものだ。『江戸名所図絵』には「大将軍家（3代家光《いえみつ》）此地に御放鷹の頃、山城の淀に摸擬《なぞら》え、この橋を淀橋と唱うべき旨上意あり。よりて号とすといえり」と記載がある。他にも柏木《かしわぎ》・中野《なかの》・角筈《つのはず》・本郷《ほんごう》の4村の境界にあたるので「四所橋《よどころ》」が転訛《てんか》したとの説もあって決め難い。

やがてこの橋に近い街道沿いの柏木村内の家並みが柏木淀橋町と呼ばれるようになった。橋という「点の名前」から街道沿いの「線の地名」への発展である。明治22（1889）年には柏木村と角筈村が一緒になって自治体としての淀橋町が誕生した。橋の名はどちらの村の顔も立てられる便利な存在だったのだろう。ここで淀橋の地名は面積的にはおそらく数百倍の大拡張を遂げる。

膨脹した淀橋町はさらに昭和7（1932）年10月に「大東京市」に編入された。82町村が新しい20区（旧区と併せて35区）に再編される中で、淀橋町は大久保《おおくぼ》町・戸塚《とつか》町・落合《おちあい》町とともに淀橋区となる。4町合併なのにそのひとつである淀橋の地名が選ばれたのは、他の3町と違って由来が特定の地名ではなく「橋の名」だったからではないだろうか。

かくして大東京市35区の一角を占めるようになった淀橋区だが、敗戦直後の昭和22（1947）年、35区は統合されて23区（当初は22区）となった。この中で淀橋区は牛込・四谷の両区と合併して新宿区となり、町名としての淀橋（旧淀橋区淀橋）だけがかろうじて残る。大幅な「勢力縮小」であったが、ここで昭和42（1967）年に設立されたのが淀橋写真商会だ。ヨドバシカメラの前身である。

ところがその3年後、町名としてかろうじて残っていた淀橋は、同45年に住居表示の実施で西新宿の一部となって消滅してしまった。江戸時代から出世街道を突き進んで一時はかなりの「権勢」を誇った淀橋も、この時に地名としての終焉《しゅうえん》を迎えたのである。その名残といえば圧倒的な知名度を誇るヨドバシカメラの他には、淀橋を冠する区立学校として唯一の存在となった淀橋第四小学校ぐらいのものだろう。

このように地名の栄枯盛衰は、淀橋だけでなくどの地名にも起きている。地名の文字に拘泥して「土地の安全性」を云々することの無意味さは言うまでもない。

第5章　地名を崩壊させないために

現在の東京の地図を片手に永井荷風《ながいかふう》や夏目漱石《なつめそうせき》の作品を読んでも、登場する町名が見当たらない。これは震災復興事業による昭和初期の区画整理で町名を統廃合したこと、それに加えて戦後の住居表示法でさらなる町名の大々的な改廃が行われたためである。歴史的地名の消滅は東京だけでなく全国各地で起きており、自治体の名称も昭和の大合併、平成の大合併を経て今も激変を余儀なくされている。政令指定都市の区名の命名も「民主主義の誤用」のために歴史的地名を否定する方向だ。その一方で、消えた町名を復活させる動きも少しずつ始まっている。先祖から伝えられた地名をだいぶ破壊してしまった後ではあるが、ここで地名の本来あるべき姿について考えてみたい。

維新・震災・戦災の後で激変した東京の地名

江戸の町が世界最大級の都市であったことはよく知られているが、その都市の構造は特徴的で、幕藩体制の必然から武家地が他都市に比べて圧倒的に多くを占めていた。幕末頃のデータによれば、江戸城および道路、広場、河川などを除いた江戸市街の7割弱は大名屋敷や幕臣などの屋敷地を含む武家地で占められ、残りが寺社地と町地でそれぞれ半々、合わせて３割強という状態だったという。江戸城を含む総面積は56・４平方キロほどで、その後に東京市15区（明治22年）となったエリアの３分の２、現在の23区（埋立地も含む）から見れば11分の１に過ぎない。

●武家地に「町名」がついたのは明治初年

江戸の土地の大半を武家地が占めていたため、「町名」がついていたのはその中の15パーセントほどの町地だけであり、武家地や寺社地は町ではないので当然ながら「町名」はなかった。もちろん赤坂《あかさか》や青山《あおやま》、麻布《あざぶ》といった広域地名は以前から存在している。江戸期には町地と武家地・寺社地が錯雑した状態であったが、これを明治２（１８６９）年〜同５年にかけて統廃合、新たに東京の全域が「町」によって区分された。

たとえば武家地で占められていた現在の東京駅西側、丸《まる》の内《うち》の通称「大名小路《だいみようこうじ》」は町地ではなかったため「町名」がなく、明治５（１８７２）年に播磨《はりま》姫路《ひめじ》藩酒井《さかい》氏、豊前《ぶぜん》小倉《こくら》藩小笠原《おがさわら》氏の上屋敷などが新たに大手《おおて》町《まち》と命名されている。大手門に面した立地によるものだ。その南側は現在の東京駅丸の内南口に至るまで、「大名小路」に沿う備前《びぜん》岡山藩池《いけ》田《だ》氏、備後《びんご》福山《ふくやま》藩阿部《あべ》氏、肥後《ひご》熊本藩細川《ほそかわ》氏などの大名屋敷が同年に永楽町《えいらくちよう》と命名された。

町名の由来は永楽銭を両替した場所であったなど諸説あるが不明だ。その南側は八重洲町《やえすちょう》となった。おおむね現在の丸の内二丁目に相当するが、ここもやはり各大名の上屋敷が並んでいた場所で、かつては日比谷濠《ひびやぼり》に面して建っていたというオランダ人ヤン・ヨーステンの屋敷にちなむという説が有力である。

官庁街の代名詞として著名な霞《かすみ》が関《せき》の町名は、江戸期以前にこのあたりが荏原郡《えばらぐん》の東縁とされ、ここに設けられた奥州《おうしゅう》街道の関所の名にちなむという説があり、また有楽町《ゆうらくちょう》は織《お》田《だ》有楽斎《うらくさい》の屋敷に由来するという（異説もあり）。その南側に隣接する内幸町《うちさいわいちょう》は江戸期に大名屋敷が並んでおり、幸橋内《さいわいばしうち》と呼ばれた地域で、これに由来するとされる。以上これらの「町名」はいずれも明治５（１８７２）年の命名になるものだ。町名については真偽はともかく故事来歴に由来するよう配慮されている。

なお明治5年命名の「八重洲町」の町名が丸の内側にあったことを不審に思われるかもしれないが、この町名は震災復興事業に伴う町名地番整理事業で一旦消滅し、戦後になって東京駅の東側に「復活」したものだ。もともと東口のなかった東京駅に遅まきながら昭和４（１９２９）年12月に乗降口が設置されたのだが、外濠を渡る八重洲橋にちなんで八重洲橋口と名づけられている（命名の期日は不明）。この橋は現丸の内側にあった八重洲町へ向かうための橋という意味であったが、戦後に外濠が空襲の瓦礫《がれき》捨て場となって橋がなくなり、いつしか「橋」が外れて八重洲口に転じたようで、さらに昭和29（1954）年に槇町《まきちょう》と日本橋呉服橋《にほんばしごふくばし》の2町を合併した際、八重洲口に面していることから八重洲と命名されたようだ。「町名の引っ越し」である。

●町人エリアは原則として江戸のまま

外濠の東側は町地で、現在の銀座《ぎんざ》の領域には南紺屋町《みなみこんやちょう》、弓町《ゆみちょう》、西紺屋町、新肴町《しんさかなまち》、弥左衛門町《やざえもんちょう》、鎗屋町《やりやちょう》など江戸時代以来の町名がそのまま、もしくは小規模な武家地や寺社地を併せる形で継続したところが多い。山手《やまのて》地区には特に大きな寺社地が多く、江戸期にはそれぞれ門前町を名乗っていた文字通りのエリアは面積も小さく境界が錯雑している場合もあり、この時期に周囲の町に合併されたところが多い。

たとえば徳川《とくがわ》将軍家の菩提寺《ぼだいじ》として知られる小石川《こいしかわ》の傳通院《でんづういん》（傳通院・現文京《ぶんきょう》区小石川三丁目）の裏には慶長《けいちょう》7（1602）年に小石川村の傳通院領内に町屋が起立され、小石川傳通院裏門前町《うらもんまえまち》の名が付いたが、明治2（1869）年には小石川柳町《やなぎちょう》に統合されている。その北側、傳通院の掃除を担当していた御掃除方16人の居住地が小石川傳通院御掃《おそう》除町《じまち》で、明治2年からは小石川掃除町と改称した。江戸にはいくつか「御掃除町」が存在したが、いずれも明治に入ってから徳川幕府の権威を示す「御」は外されている。ちなみに「単なる掃除」に貶《おとし》められてしまったからか、震災後の大正14（1925）年に小石川区の掃除町は八千代町《やちよちょう》と改称された（現小石川・白山《はくさん》の各一部）。ついでながら、武具の担当である御簞笥《おたんす》奉行にまつわる麻布御簞笥町も単に麻布簞笥町となっている（現六本木《ろっぽんぎ》一〜三丁目の各一部）。

●震災復興事業と区画整理

大正12（1923）年9月1日11時58分に起きた大きな地震は、ちょうど折悪しく正午の直前で火を使っていた市民も多く、134か所で火災が同時発生して広範囲に延焼した。東京市では特に火災による死者が多く、犠牲者総数約10・5万人のうち9万余に及んでいる。罹災《りさい》面積としては当時の世界の大都市における大規模火災の中でも最大の34・7平方キロに達した。

ただし当時の東京市域の建物の焼失割合は区によって大差があった。越沢明《こしざわあきら》氏の『東京の都市計画』（岩波新書）によれば、おおむね東側が高く、特に神田《かんだ》区・日本橋区・浅《あさ》草《くさ》区・本所《ほんじょ》区では94〜99パーセントと大半が焼失、次いで京橋《きょうばし》区（現中央《ちゅうおう》区南部）の86パーセント、深川《ふかがわ》区の77パーセントが続いているが、山手地区を含む下谷《したや》区は49パーセント、麴町《こうじまち》区・芝《しば》区・本郷《ほんごう》区は17〜23パーセントと低く、全域が山手に属する麻布区・赤坂区・四谷《よつや》区・牛込《うしごめ》区・小石川区はそれぞれ2パーセント以下と大差がついた。

震災直前までの東京市長で、後に帝都復興院総裁をつとめた後藤新平《ごとうしんぺい》は、東京復興の基本方針の柱として、①遷都を否定、②復興費に30億円をかける、③欧米の最新の都市計画を適用する、④都市計画の実施のために地主に断乎《だんこ》たる態度をとる、の4点を掲げている。単なる復旧ではなく、禍《わざわい》転じて福とすべく将来の大東京の発展を見据える「復興」を主張した。ちなみに復興予算の30億円という金額を現在の貨幣価値で正確に表わすのは難しいが、参考までに大正12（1923）年度の国の一般会計予算額が約13・9億円であるから、その2年分以上。いかに莫大《ばくだい》な額であったかがわかる。

後藤新平は後に「大風呂敷《おおぶろしき》」などと呼ばれるようになるのだが、その後は政府や議会など各方面から次々と反対意見がついて予算額は徐々に削減されていった。震災の翌月にあたる大正12（1923）年10月18日、帝都復興院理事会は復興計画の原案を甲乙の2案を決定する。甲案は約13億円、乙案は約10億円であった。甲案が第一案とされ、道路幅員と公園の面積を削減したのが乙案だ。これがさらに大幅に縮減されて同年12月の閣議で了承、第47議会に提出された予算案は5億7481万円である。

被災地を中心とした区画整理が決まったが、これを進めるにあたっては地主から大きな反発があった。整然たる広い道路網を建設し、公園などの公共用地を捻出《ねんしゅつ》しなければならないのだが、土地はどこかから湧いてくるわけもなく、実際には地主の土地を一定割合で供出させる「減歩」が必須《ひっす》である。ところが「自分の土地がタダで供出させられる」ことを納得させるのはなかなか難しく、地主への説得は難航した。

後藤の後任である永田秀次郎《ながたひでじろう》東京市長は「区画整理について市民諸君に告ぐ」と称する文章で区画整理の基本とその意義を簡潔に述べ、その後に次のように訴えている。実に格調高い文章なので、前掲の『東京の都市計画』に引用されたものから一部を孫引きしよう。

世界各国が我々のために表したる甚大なる厚誼《こうぎ》に対しても、我々は断じてこの際喉元《のどもと》過ぐれば熱さを忘れる者であるという誹《そし》りを受けたくはない。……区画整理の実行は今や既定の事実であります。……ただ我々はどこまでもこれを国家の命令としてやりたくはない。法律の制裁があるから止《や》むを得ないとしてやりたくはない。まったく我々市民の自覚により我々市民の諒解《りょうかい》によってこれを実行したい。……我々東京市民は今や全世界の檜《ひのき》舞台に立って復興の劇を演じておるのである。我々の一挙一動は実に我が日本国民の名誉を代表するものである。

これほど熱意と確信に満ちた呼びかけのできる首長が今どこかにいるだろうか。かくして震災の焼失区域の約９割に相当する31・２平方キロで区画整理が行われた。同書によれば、世界の都市計画史上例のない大規模な既成市街地の大改造であったという。現在から見れば自動車など存在しないに等しかった当時に、将来を見据えたこれほどの区画整理を断行できた見識と実行力には改めて頭が下がる。

下町の街路が整然たる区画となったことは地図を見れば一目瞭然《りょうぜん》であるが、そのことは今日必ずしも一般に認識されてはいない。識者と呼ばれるような人までが、東京の都市計画はお粗末で「震災復興事業の成果は昭和通りぐらい」などと訳知り顔で話すのを見聞きするたびに残念に思う。現在の東京23区の都心部で交通が破綻《はたん》なく行われているのは、すべてこの震災復興事業の成果に負うものである。

●震災復興で町名は大幅に統廃合

ところが、この画期的な区画整理に伴って町名の統廃合も行われ、そこで残念ながら江戸時代以来の町名の多くが失われてしまった。たとえば京橋区では整理前の94町（丁目を数えれば２０７町）から24町（同１３９町）へと大幅に統廃合が行われている。最も多くが統合された地区の例を挙げれば、同区内の京橋地区であろう。具体的には中橋広小路町《なかばしひろこうじまち》、南伝馬町《みなみでんまちょう》（一～三丁目）、畳町《たたみちょう》、具足町《ぐそくちょう》、鈴木町《すずきちょう》、北槙町、南槙町、桶町《おけちょう》、大鋸町《おがちょう》、南鞘町《みなみさやちょう》、南鍛冶町《みなみかじちょう》、北紺屋町、南大工町《みなみだいくちょう》、松川町《まつかわちょう》、炭町《すみちょう》、常盤町《ときわちょう》、中橋和泉町《なかばしいずみちょう》が昭和６（１９３１）年に広域の「京橋一～三丁目」に統合された（旧町の全域または一部を含む）。

現在「銀座」となっているエリアの旧町名もこの時期にあらかた消えており、南紺屋町、弓町、新肴町、弥左衛門町、西紺屋町、元数寄屋町《もとすきやちょう》（一～三丁目）、滝山町《たきやまちょう》、惣十郎町《そうじゅうろうちょう》、南《みなみ》鍋町《なべちょう》二丁目、南佐柄木町《みなみさえきちょう》、加賀町《かがちょう》、日吉町《ひよしちょう》、八官町《はちかんちょう》、丸屋町《まるやちょう》、山城町《やましろちょう》、山下町《やましたちょう》が「銀座西一～八丁目」に、尾張町《おわりちょう》（一・二丁目）、三十間堀《さんじっけんぼり》（一・二丁目）、南紺屋町、元数寄屋町四丁目、弓町、鎗屋町、南鍋町二丁目、出雲町《いずもちょう》、竹川町《たけかわちょう》と旧銀座（一～四丁目）が昭和５（１９３０）年に「銀座一～八丁目」となり、またその東側の旧木挽町《こびきちょう》エリアに采女町《うねめちょう》、南水谷町《みなみみずたにちょう》、金六町《きんろくちょう》、新富町《しんとみちょう》一丁目、南八丁堀《みなみはっちょうぼり》（いずれも一部編入を含む）を加えて「木挽町一〜八丁目」に再編成している（昭和26年に木挽町は銀座東と改称）。

町名地番整理が行われた区域では、町名の新旧にかかわらず地番は道路に囲まれた街区に親番号をつけ、各筆には一定の順番で支号（枝番号）をつける「ブロック地番」の方式が行われた。これに際して各町の中央を走る通りの東西または南北で二分された区域を偶数と奇数に分けている。これは発想としては欧米の「ストリート方式」の住居表示を思わせるものだが、実際には大きく異なるものとなった。今もこの地番方式が残る千代田区神《ち よ だ》《かん》田神保町《だじんぼうちょう》では、靖国《やすくに》通りの北側に偶数地番、南側に奇数地番が割り振られている。近くの神田駿河台《するがだい》でも明大《めいだい》通りの西側が奇数地番、東側が偶数地番となっており、これを知らないと1番地の隣に2番地がどうしても見つけられないという悲劇も起こりうる。かつて神田駿河台の出版社に勤めていた私もその「被害」に遭った。

かつては中央区などでもこの方式が徹底されており、京橋や銀座は中央通りの東側が奇数地番、西側が偶数地番であった。銀座四丁目のランドマークとして有名な「和光」の住所の表示は昭和5（1930）年までは銀座四丁目7番地、その後の町名地番整理後に銀座四丁目2番地（ブロック地番）となり、さらに住居表示が実施された昭和43（1968）年以降は銀座四丁目5番（街区符号）に変わっている。

和光は昔から正真正銘の銀座だから町名はそのままであったが、町名地番整理と住居表示で町名も含めて住所の表示が変わったところは多く、たとえば東京駅にほど近い八重洲ブックセンターの所在地は、かつて京橋区南大工町1番地であったのが昭和6（1931）年に同区槇町二丁目3番地（同22年に区の統合で中央区）となり、同29年に中央区八重洲五丁目3番地、同53年の住居表示後は同区八重洲二丁目5番と目まぐるしい。

●82町村編入で誕生した「大東京市」と町名

関東大震災では大きなダメージを受けた東京市とその周辺地域であったが、大正後期から昭和にかけての経済成長は著しく、GNPや鉄道の乗車人数および貨物輸送量の推移を見る限り震災の影響はさほど感じられない。旧東京市15区の都心部では人口減少が起きたが、周辺に位置する町村では急速に都市化が進み、スプロール現象による弊害も目立つようになってきた。

そこで東京市は周辺町村を編入して市域を拡大し、巨大都市としての一体的な発展を目指すことになり、市域拡大の範囲は5郡82町村に及ぶ大きさに決まった。内訳は南葛飾《みなみかつしか》郡14町6村、南足立《みなみあだち》郡3町7村、北豊島《きたとしま》郡13町7村、豊多摩《とよたま》郡13町、荏原郡17町2村であるが、これにより市域面積は81・219平方キロから550・248平方キロと約6・8倍、人口は207万913人から497万839人と2・4倍に膨れ上がっている（人口は昭和5年国勢調査・東京市役所『大東京概観』昭和7年による）。

町村の編入は昭和7（1932）年10月1日に一斉に行われ、82の旧町村は新市域の20区に編成され、旧15区と併せて35の行政区という体制が始まった。さらにその4年後の同11年10月1日には北多摩《きたたま》郡の千歳《ちとせ》村と砧《きぬた》村が世田谷《せたがや》区に加わって現在の東京都23区エリアが確定している。

現在の23区は大半が市街化しているが当時の新20区域は農村部が多くを占め、地名も編入直前までは江戸以来の村名から町村の大字に移行したものが大半を占めていた。ちなみに山手線（品川《しながわ》〜田端《たばた》間）は起点の品川駅が旧東京市芝《しば》区（現港《みなと》区）にあったのを除けばすべて郡部である。これをもってしても旧15区の狭さがうかがえるが、合併前の山手線主要駅の住所を挙げれば、目黒《めぐろ》駅は荏原郡大崎町《おおさきまち》大字上大崎字永峯通、渋谷《しぶや》駅は豊多摩郡渋谷町大字並木《なみき》（昭和3年までは大字中渋谷字並木前）、新宿《しんじゆく》駅は豊多摩郡淀橋町《よどばしまち》大字角筈《つのはず》字渡辺土手際《わたなべどてぎわ》、池袋《いけぶくろ》駅は北豊島郡西巣鴨町《にしすがもまち》大字池袋字向原といった具合であった（小字名は地図の読み取りにより推定）。

編入された区域は多くが農村的景観で占められていたとはいえ、場所によっては急速な市街化も進んでいた。旧来の農村時代であれば大字界の入り組んだ境界も実害はなかったが、これが市街になった際には境界の錯雑や飛び地の多さは弊害となる。このため境界を改めて鉄道や道路、用水などに準拠させ、市街の町として適正化する大規模な調整が必要だったのである。

●旧郡域の大字を町名に「改装」

東京市では新たに編入された旧82町村を20区に編成し、その下の町名の設定方法を議論した。この時に他都市の事例として東京市の前年に郊外町村を編入した京都市の事例についても詳細に研究している。同市は昭和6（1931）年4月1日に現右京《うきょう》区・伏見《ふしみ》区などの区域を編入したが、これらの区域は原則として小字名を境界込みでほぼそのままの形で町名とした。たとえば葛野《かどの》郡嵯峨《さが》町《ちょう》大字上嵯峨字池下《いけした》を京都市右京区嵯峨広沢池下町、同郡太秦《うずまさ》村大字太秦字蜂岡《はちおか》を右京区太秦蜂岡町とするなど、旧村名または大字などを利用した冠称の下に旧小字名＋町という方法である。

ところが他の市の方式がそのまま使えるわけではない。旧小字の性格は地方によってだいぶ意味合いが異なった。小字は地租改正の際に地番をつけるために一定程度の大きさにまとめて統廃合したものが多く、その名称は地元住民に馴染《なじ》みのあるものもあれば、設定の際に旧字名を合成したもの、イロハや数字、甲乙丙などで機械的に割り振ったものまでさまざまだ。東京市の場合も合併町村によって異なるものの、おおむね「通常は税務署に於《お》ける土地の表示以外にはほとんど使用しないもの」（東京市『東京市域拡張史』昭和9年）であるとして、京都市で行われたような「小字の町名化」を基本方針とはしなかった。

これらの研究を受けて新町名の設定についての基本方針が定められる。かなり複雑な規定なので引用はしないが、基本的には大字を町とし、旧小字を数個合わせて丁目で分けたものが多い。場合によっては「京都市方式」で小字をエリアごと小字名に町をつけるものもあったが、あまりに大字が広い場合は、ふさわしい広域の通称地名があればそれを町名とした。

大字が町名になった事例としては、たとえば旧荏原郡大崎町の大字上大崎。ここでは2〜3の小字ごとに上大崎一丁目〜五丁目が決められている（字上ノ谷・今里《いまざと》→一丁目、六軒《ろっけん》茶屋《ちゃや》・永峯通→二丁目など）。その一方で小字を生かしたものもあり、大字上大崎字長者丸は上大崎長者丸という町名になった。小字を町名に生かした事例は少数派ではあるが旧荏原郡大井《おおい》町《まち》がそれで、字林附→大井林町、字関ケ《せきが》原《はら》→大井関ケ原町、字鹿《か》嶋谷《しまだに》→大井鹿島《かしま》町といった「京都市方式」が採用されている。

旧地名とまったく異なる町名としたものもあり、たとえば旧荏原郡東調布町《ひがしちょうふまち》の田園調布一帯がその代表格だろう。具体的には大字下沼部《しもぬまべ》の10の小字（大道通・長久保・東原・石塚・大境・上川田・観音堂・下ノ根・下川原・下川辺）を合わせて田園調布一丁目とするなど、旧来とはまったく異なる地名になった。これは田園都市株式会社の分譲する多摩川《たまがわ》台《だい》住宅地の通称であり駅名にもなっていた「田園調布」を追認した形である。

●都市的でないからと「新田」を消去

渋谷区（旧渋谷町）や中野《なかの》区（旧中野町）ではひと足先に都市的な「町名」を命名しており、それをそのまま新区の町名としている。たとえば渋谷町大字中通《なかどおり》一丁目を渋谷区中通一丁目としたり、渋谷町大字松濤《しょうとう》を渋谷区松濤町（現松濤）、旧中野町大字天神《てんじん》を中野区天神町とするなどの事例だが、このうち渋谷町大字中通一丁目は、昭和2（1927）年末までは大字渋谷広尾町《ひろおちょう》、大字下渋谷字伊藤前・四反町・居村の各一部であったが、これを境界ごと整理して改称したものだ。

新町名の決定にあたって大字を継承させるのは順当なやり方ではあったが、東部の沖積地に多く分布していた「新田《しんでん》」の地名はこの時期に多くが姿を消している。その理由は「農耕地を想起せしめるが如《ごと》き時代後れの名称、例へば太郎兵衛《たろべえ》耕地（砂町《すなまち》）弥五郎《やごろう》新田次郎左衛門《じろうざえもん》新田（綾瀬《あやせ》村）長右衛門《ちょうえもん》新田（東淵江《ひがしふちえ》村）等大都市に不適切なるものが多々あつたのであるが、此等《これら》のものは凡《すべ》て整理され」た（前出『東京市域拡張史』）と明記してあるように、農村的な町名はこの時にほぼ消滅してしまった。

具体的にどのような改称が行われたかといえば、ここに挙げられた長右衛門新田は長門《ながと》町《ちょう》、佐野《さの》新田は佐野町など「新田」を外しながら元の地名の面影を残すものもあれば、次郎左衛門新田は四ツ家町《よつやちょう》、弥五郎新田は日ノ出町《ひのでちょう》（いずれも足立区）などと、まったく異なる町名に変えたところもある。いずれも住民の思いの強さなどを反映しているのだろうが、細かいことはわからない。

●地名にとって空前の災厄――住居表示法

欧米の都市の住所はわかりやすいと言われる。たとえばパリ市の某所へ行きたいなら「○○通り○番地」だけで場所を迷わず特定できる。「番地」（ハウスナンバー）が小さい数字から大きい数字に向かって歩いた時に必ず左が奇数、右が偶数と決められており、その数字はセーヌ川の流水方向とともに増していく。川から離れていく通りは川に近い方が「1番地」だ。

実はここで言う「番地」は日本で言う番地（地番）ではなく、あくまで住居表示なのだが、ヨーロッパでは多くの国や都市で「ストリート方式」の住居表示が行われてきた（ヨーロッパでも日常使われる「住所」の他に不動産の番号としての地番はある）。日本でも地番とは別立ての住居表示の導入を何度か検討したことがあるが、従来ほとんど通りに名前のついていない日本（道路番号はある）で一気にそれを実現させるのが非現実的なこともあり、街区方式の住居表示が行われて現在に至っている。街路方式の住居表示も実際には山形県東根《ひがしね》市の郊外と北海道浦河町《うらかわちょう》のみで実施されているが、例外的なのでここでは言及しない。

住居表示法が施行されたのは昭和37（1962）年のことである。時あたかも高度経済成長期に入り、住宅や工場、店舗などの需要が高まっていた。特に大都市近郊では従来の農村が急速に市街化されており、かなりの区域でスプロール現象も目立ってくる。市街化された旧農村部の土地はもともと山林や畑であったところを宅地として細かく分筆したため、支号（枝番号）の混乱は日を追って高まった。なぜなら支号は分筆された順番に番号がつけられるため必然的にあちこち飛んでいく。このため、たとえば誰もが「地続き」と思いがちな150－25と150－26が遠く離れ、その間に150－315や150－2が挟まっていたりという状態が現出した。地番の混乱は郵便物の配達や救急車の出動などにも悪影響を与え、実に深刻な状態となっていたのである。そこで「住所をわかりやすく」という声は高まり、官民挙げて新しい住居表示の模索が始まった。

欧米の事例なども含めて研究が行われたのだが、結局は前述のように街区方式が採用されることになる。従前の日本の都市のように家と家の間に町界が走っているのは不合理として斥《しりぞ》けた。これに代わって道路や鉄道、用水といった恒久的な構造物を境界とし、それぞれの道路に囲まれたブロックに街区符号をつけ、それぞれのブロックごとに時計回りの基礎番号（フロンテージ）を配して、建物の出入口が面した基礎番号を住居番号とする。これによって分筆や合筆があっても「未来永劫《えいごう》不変」の番号のシステムが誕生した。少なくとも支号錯雑の悩みからは解放されたのである。

●「恒久的な表示」のため歴史的地名を捨てる

日本の住所の表示に用いられる地番は、明治期の地租改正で振られた番号（不動産の番号）を「転用」したものだ。もともと不動産登記のための番号であるから、親番号はともかく支号は必然的にあちこち脈絡なく飛んでおり、家を訪問するためにこれを使うのは最初から無理があった。それを解決するために新しい住居表示を考えたことは方向性としては間違っていない。ところが昭和37（1962）年という時代の気分が作用したのか、結果的には「地名ジェノサイド」と形容しても過言ではないほど地名の改変や抹殺が行われてしまったのである。

その原因として考えられるのは、前述のように町の境界を道路等とする原則に固執したことと、当時のかなり極端な漢字制限政策が背景にあったのではないだろうか。住居表示法の第5条（町又は字の区域の合理化等）では「街区方式による住居表示に係る区域内の町又は字の区域は、街区方式に適した合理的なものに区画し、当該区域内の町又は字の区域の名称は、できるだけ読みやすく、かつ、簡明なものにしなければならない」という条文があった。

最初の境界要件は旧来の町の境界を否定するものであり、特に城下町などでは当たり前であった「通りの両側が同じ町」という構造のままでの住居表示ができず、泣く泣く隣近所の町と合併して「中央」や「本町」としたり、東麻布や西浅草のように広域地名に東西南北を付けたものなどが新町名とされ、旧町名の多くは廃止されていった。一部の町名を保存しようにも、特定の町名だけを残すのは不公平であるとして徹底的に旧来の地名を排除した都市も珍しくない。これに加えて第二の要件である「できるだけ読みやすく、かつ、簡明」という縛りによって当用漢字（後に常用漢字）以外の文字を使えず、歴史的地名の保存はさらに難しくなった。

しかしその後は住居表示の実施に伴ってあまりに多くの歴史的地名が失われ、批判も高まったのを受けて、地名の保存を訴える意見が目立つようになる。そこで昭和42（1967）年の改正では「できるだけ従来の名称に準拠するとともに、読みやすく、かつ、簡明なものにしなければならない」と改正された。同60年には「できるだけ従来の名称に準拠して定めなければならない。これにより難いときは、できるだけ読みやすく、かつ、簡明なものにしなければならない」と旧町名保存色を少し強めている。しかし時すでに遅し。江戸時代以前から存在した多くの町名（特に城下町）が捨てられてしまったのである。

●時代の気分一新のための地名変更？

関東大震災の焼失区域が非常に少なかった山手の文京区では、震災復興事業の町名地番整理とも縁がなく、江戸以来の地名が戦後まで残っていたが、昭和39（１９６４）年から同41年にかけて住居表示が実施され、この短期間で１１０もあった町名（丁目は数えず）がほぼ6分の1の19に激減した。

神社にちなむ駒込富士前町《こまごめふじまえちょう》、不動《ふどう》坂に由来する駒込動坂町《どうざかちょう》、江戸期に魚屋が多かった駒込肴町《さかなまち》、藍染《あいそめ》川に沿った根津《ねづ》藍染町、幕臣の名前に由来する本郷の森川町《もりかわちょう》、御弓組《おゆみぐみ》の屋敷にちなむ同じく弓町、切通《きりどおし》坂の所在地である湯島《ゆしま》切通町、地形に由来する大塚窪町《おおつかくぼまち》、奥女中の名にちなむ音羽《おとわ》の東・西青柳町《あおやぎちょう》、豊川稲荷《とよかわいなり》にちなむ高田《たかだ》豊川町、ミョウガ畑のあった茗荷谷町《みょうがだにちょう》などなど、数多くの歴史的な由来をもつ町名が広域の本郷、小石川、大塚などの新町名に変わった。中には千石《せんごく》のように千川《せんかわ》用水と小石川から1文字ずつ採って合成したものも加わり、過去の歴史とは断絶されている。

近代の日本史を振り返れば、江戸時代の幕藩体制を否定して明治政府が始まり、旧体制を支えた武士の住むエリアに新しく町名を付けて回った。やがて体制は安定していくが、関東大震災では都心の多くが焼跡となり、それを復興させるために土地を大々的に区画整理し、せっかく残っていた江戸の町名の多くを新しいものに置き換えている。

さらに第二次世界大戦での大敗を受けると、戦前の体制を否定して日本国憲法下の民主主義体制を新たに始めていくのだが、「2度目の焼跡」からわずか17年後には住居表示法を施行、「焼け残った地名」を容赦なく統廃合させている。そこから半世紀が経ち、今の東京では町名の変化はほとんど見られない。

それにしても、これまでの約150年の経緯を振り返ってみると、地名を変えることが、まるで時代の気分を一新させる「妙薬」でもあるかのように安易に処方されてきたように思えてならない。はるか先の子孫たちは、果たしてこの目まぐるしい東京の地名の変転をどんな感慨で振り返るだろうか。

政令指定都市の増加と区名決定

昭和31（1956）年に地方自治法の改正で政令指定都市の制度が始まった。東京・横浜《よこはま》・名古屋《なごや》・京都・大阪・神戸《こうべ》という旧「六大都市」のレベルの都市に対して都道府県の権限のかなりの部分を委譲するシステムだ。長らく人口100万人（または近い将来にそれに達する見込みの80万人以上）が事実上の人口要件として機能してきたが、地方分権の流れの中でそれが「弾力運用」として緩和され、おおむね70万人にハードルが下がったことで、特に２０００年代になってから政令指定都市は続々と加わっている。

ちなみに今世紀に入ってからは平成15（２００３）年にさいたま市、同17年に静岡市、同18年に堺《さかい》市、同19年に新潟市と浜松《はままつ》市、同21年に岡山市、同22年に相模原《さがみはら》市、同24年に熊本市が政令指定都市に移行した。令和元（２０１９）年現在20ある政令指定都市のうち8つがこの時期のものである。これに伴って新たな行政区が数多く設けられたのは言うまでもない。

●さいたま市の行政区の決め方

平成13（２００１）年の5月1日、日本に47都道府県体制が定まって以来（都は昭和18年から）、全国で初めて埼玉県の県庁所在地が変更された。埼玉県庁のある浦和《うらわ》市が大《おお》宮《みや》・与野《よの》の両市と合併してさいたま市が発足したためである。初の「ひらがな県庁所在都市」にもなった。

合併に先立って行われた市名の全国公募では6万７６６５件が集まり、その結果は第1位が「埼玉市」、第2位「さいたま市」、第5位「彩都市」、第7位「さきたま市」などとなっている。これに第37位「関東市」を加えた5候補から選ばれたのがさいたま市である。

旧市名での候補は第3位に大宮市、第6位に浦和市が入ったが、これらは除外された。結局はひらがな表記のさいたま市になったが、古来の埼玉郡である行田《ぎょうだ》市などからの「埼玉の名称を使わないでほしい」との要望が効いたのかもしれない。ちなみに大宮、与野、浦和の3市域ともに旧足立郡（北足立郡）である。合併から2年後の平成15（2003）年4月1日にさいたま市は政令指定都市となり、9つの行政区が誕生した。さらに同17年4月1日には岩槻《いわつき》市（旧南埼玉郡）を編入、旧市域を岩槻区として加え、現在に至っている。

さて、3市合併後に政令指定都市に移行する際の区割り案は旧大宮市が4区、旧与野市が1区、旧浦和市が4区の合計9区で、これに暫定的にAからIのアルファベットを割り振った。A～D区が旧大宮市、E区が旧与野市、F～I区が旧浦和市である。区名決定の前年（平成14年）9月30日に開かれた「第4回さいたま市区名選定委員会」で「委員長私案」として市長に報告された区名とその理由は次の通りとなった。選定理由については要点のみを掲げる。

A区：西区　市域の西に位置することから。
B区：北区　市域の北に位置することから。

C区：大宮区　応募数が過半数であることから。
D区：見沼《みぬま》区　将来にわたって保全すべき見沼田圃《たんぼ》に囲まれていることから。
E区：中央区　さいたま新都心を擁し、地理的に市域の中央に位置していることから。
F区：桜区　国指定特別天然記念物のサクラソウ自生地があることにちなむ。
G区：浦和区　応募数が過半数であることから。
H区：南区　市域の南に位置することから。
I区：緑区　貴重な緑の空間である見沼田圃や平地林等があることから。

このうち市民からの反対意見が特に多かったのが見沼区だ。東区または大宮東区にしてほしいとする陳情と請願が合わせて22本、7万7千人もの署名を伴っている。「見沼」に沼の字が入っており「田舎っぽい」という意見が根強く、不動産業者は「沼の字がつく土地は敬遠される」と難色を示したと聞いている。かなり強硬な意見の人もいたらしく、市役所に脅迫状も届いた。これは新聞沙汰《ざた》になったのでよく覚えている。他には見沼田圃はD区（現見沼区）だけではなくI区（現緑区）にもまたがっているから不適切という意見もあったようだ。

●中央区か与野区か

もう一つ、委員会で意見の対立があったのが中央区となったＥ区である。ここはほぼ全域が旧与野市で、与野区という意見が多かった。区名の公募が行われた際も旧与野市民の約49パーセントが「与野区」とし、これに対して「中央区」は約30パーセントと少ない。「応募の過半数があれば区名とする」という原則にはギリギリ達しなかったが、ほぼ半数の支持を無視して中央区になった経緯にはどんなものがあるのだろうか。

「第４回さいたま市区名選定委員会」の議事録を見ると、田代脩《たしろおさむ》委員（当時は埼玉大学教授・日本中世史）が中央区に反対する旨の意見を述べている。「与野という古くからの地名があり、旧与野市のほとんどがこの区域になる。馴染みのある与野の地名を、どうして中央区と、無機質的な名前に変えるのか。中央と周辺というニュアンスもあり、単に真ん中の意味だけでなく、大反対である。〔中略〕投票総数の約49％の住民が支持しているのに、どうして無視し、尊重しないのか、大変疑問に思う」ときわめて常識的である。

この会の委員長は「３市合併の立役者」とされる元与野市長の井原勇《いはらいさむ》氏（市長在任は昭和58年～平成13年・同19年没）だが、なぜ中央区かを問いただす田代氏その他の質問に対して、井原氏は7年かかった合併の経緯に触れた。合併の準備段階では旧大宮市を大宮区、旧浦和市を浦和区にするとしたが、新都心予定地の西側（線路の西）は3市にまたがっていたものを与野市域にまとめることとなり、「与野に在住する人たちは与野の名前を何とか残したいが、新都心に移ってくる人たちのことを考えれば、それに相応しい名前にすべきとのことから、合併協議会においては、与野区ではなく中央区にすべき、との結論が出て、3市の合併が達成できた」と、中央区という命名が合併の条件だったことを打ち明けている。これに対して田代氏から「事前に談合があったみたいではないか」と発言があったが、まさに指摘の通りであろう。

他にも与野の人たちは多くが「中央区」を推しているといった発言もあるが、そのように主張する地元の「有力者」たちと区名公募の際に示された一般住民との食い違いは明らかだ。結局はさいたま市中央区に与野の地名は残っておらず（駅名や学校名には現存）、これにより鎌倉《かまくら》時代にはすでに文献に見られた、おそらく千年レベルの歴史をもった地名は呆気《あっけ》なく失われてしまったのである。

区名選定委員会のメンバーの構成を改めて眺めてみれば、まず「学識経験者」が井原委員長や田代委員を含めて13人。このうちＮＨＫ、共同通信社、埼玉新聞社、読売新聞社などメディア関係が９人を占めている。「市民代表者」は旧３市の商工会議所会頭、自治会連合会、医師会、歯科医師会、薬剤師会、農協、社会福祉協議会、体育協会、文化協会、商店会（街）連合会、ＰＴＡ協議会、青年会議所のメンバーで19人、市議会議員が６人、市職員が１人の計39人だ。学識経験者といってもメディアを除く４人のうち地名に深く関連する歴史や地理の専門家は田代委員（日本中世史）の他は確認できず、そもそも地名を議論すべきメンバーとは思えない。残念なのは、数多いメディア関係の委員の発言がほとんど見られなかったことだ。歴史・地理的な見識をもつメンバーもいたかもしれないが、何のためにこれだけの人数が座っていたのか疑問である。

●サクラソウの名所が「桜区」の疑問

田代氏はこの他にも専門家ならではの重要な意見を述べている。たとえば「Ａ区（現西区）は、指扇《さしおうぎ》が中世以来の古い地名であり、Ａ区のほぼ半分から北が、かつての指扇領18カ村である。区割りは、かなり人為的な区割りであることから、その区全体をカバーする地名はほとんどない。歴史的な地名である『指扇』という区名を私は提案する」としており、これは説得力がある。しかしその当否を判断する知識を持った委員が他にいなかったためか、原案の通り西区に決まった。

このあたりの経緯を読んで思い出したのは愛媛県に誕生した四国中央市《しこくちゆうおう》の事例である。同市は川之江《かわのえ》市、伊予三島《いよみしま》市、新宮《しんぐう》村、土居《どい》町《ちよう》の4市町村合併で誕生したが、領域が旧宇摩《うま》郡エリアにほぼ一致することから住民アンケートでは「宇摩市」がトップだったという。ところが、そんな名前ではどこにあるのか他郷の人に通じないとして新市名を四国中央市とした。文字通り四国の中央にあり、さらにこれを縦横に結ぶ高速道路のジャンクション（川之江）のあることを意識したそうだが、歴史的地名の活用がなされなかったのは残念だ。今や市民は自らの自治体名を「シコチュー」などと自虐的（？）に呼んでいる。

さいたま市の話に戻ると、F区（現桜区）についても田代氏は「桜とサクラソウは全然別物。国の天然記念物サクラソウを象徴するのであれば、サクラソウ区とすれば納得がいく。桜区と言ったら、桜の名所があるというイメージではないか。きわめて安易な桜区という名称を聞いて、サクラソウをイメージするだろうか」ともっともな反論を述べている。その上で「この地区の西側は荒川の左岸になり、要するに秋ヶ瀬《あきがせ》である。むしろ秋ヶ瀬区の方が相応しいのではないか」と提案した。これには11名が賛成の挙手をしたが、委員長案の桜区には18人が賛成し、呆気なく決まっている。桜とサクラソウが別であっても区名として支障はない、という意見が多数だったようだ。イメージさえ良ければいいらしい。

第1回の区名選定委員会では区名を選ぶにあたっての「基本的な考え方」として、以下の4点を挙げている（要約）。①区名公募は市民の貴重な意見であり、尊重すること。②各区の名称の整合性を考慮すること。③簡素で親しみやすい名称とすること。④各区域の特色が表現される名称とすること。一見「民主的」かもしれないが、ここに「歴史的地名を尊重すること」が入っていないのは大きな問題ではないだろうか。

たとえば防災に関する施策を議論する際に、防災の専門家が一定数入っていない委員会は存在し得ないだろうが、地名を議論する際にはその専門家を確保しようとしない。本来であれば見当違いも甚だしいはずなのだが、これが当たり前に行われているからこそ、日本の自治体名は合併のたびに歴史的地名から乖離《かいり》していくのだろう。

●既存市名を排除した新潟市の区名

さいたま市では歴史的地名保存の観点から問題はあったが、少なくとも大宮、浦和、見沼の歴史的地名は入れることができた。ところが新潟市では政令指定都市の行政区名に既存の地名がほとんど入らない結果になっている。平成の大合併期にあたる平成17（２００

5）年に新潟市と周辺13市町村――豊栄《とよさか》市、横越町《よこごしまち》、巻町《まきまち》、西川町《にしかわまち》、岩室《いわむろ》村、潟東《かたひがし》村、中之口《なかのくち》村、亀田町《かめだまち》、白根《しろね》市、味方《あじかた》村、月潟《つきがた》村、新津《にいつ》市、小須戸町《こすどまち》が広域合併、同19年に政令指定都市となった。

その行政区名を検討したのが新潟市行政区画審議会で、前年の同18年1月20日に行われた「第11回新潟市行政区画審議会」の会議録によれば、8つの行政区の名について仮に1区～8区と番号を振り、市民から区名案を募集した。トップ得票を挙げれば1区：豊栄区、2区：東区、3区：中央《ちゆうおう》区、4区：亀田《かめだ》区、5区：新津区、6区：白根区、7区：西区、8区：巻区と、過半数の5区が旧市町名で占められている。応募総数は1万4965通で、このうち5区からの応募が全体の6割強を占めたというから、とりわけ「新津への思い」の強さがうかがえる。

ところが審議会は「すべての区で旧市町村名は候補としない」方針を決めた。理由は「旧市町村名を候補対象とすることが、区内の一体感の醸成を阻害するのではないか」というものである。なるほど単純に多数決としてしまえば人口の多い旧市名が有利なのは間違いない。また「中央という区名は地域の格差等をイメージすると懸念される」という意見も示された。特に「新津区」の要望が強かった5区は、前述のように区名案募集でも圧倒的多数が応募しているが、新津市と小須戸町のエリアが対象なので小須戸町が納得しないという意見が強調された。

「民主主義」の観点から少数意見を重視するという意見が多かったのは興味深い。あくまで対等合併であるとの立場からこれを尊重するあまり、日本の自治体名の多くが破壊されてきた。ただし小須戸町の住民の半数以上が「新津区」を支持した事実もある。小さな自分の町の名を無理に区名にしようとは多くの人が思っていないようだ。あくまで対等合併のメンツを通そうとしたのは旧与野市と同じようにおそらく「有力者」たちだろう。

●「民主主義」の前に敗れた新津区

5区の意向がかなり強かったため、委員の中には新津区を認めてもいいのではないかとの空気も流れたようだ。しかし新津を認めれば他の旧市も黙っていないだろう、ということで結局は旧市町村名は一律除外でまとまってしまった。日本ではよく見られるパターンである。かくして新潟市では1区：北区、2区：東区、3区：中央区、4区：江南《こうなん》区、5区：秋葉《あきは》区、6区：南区、7区：西区、8区：西蒲《にしかん》区に決まり、どれもピンと来ないという不評の声は非常に多い。

ちなみに秋葉区の由来は新津旧市街南側の丘陵にある秋葉神社（秋葉山）より、江南区は「信濃《しなの》川の南に広がる地域」から、西蒲区は西蒲原郡に由来する。そのような形で「各方面の顔を立てる」判断が行われる事例は昨今では多いが、たとえば戦前の大都市の区名では主要地区名を採用することは当たり前に行われていた。横浜市の神奈川区や保土ケ谷《ほどがや》区、磯子《いそご》区、金沢《かなざわ》区などはその好例だ。その調子で「大人の命名」を採用していれば5区は「新津区」、6区は「白根区」で何の疑問もなかっただろうし、4区も古くからの亀田郷に一致するので「亀田区」で決まりだ。

1区の豊栄については昭和30（1955）年に合併で誕生した瑞祥《ずいしょう》地名なので、旧町名の「葛塚《くずつか》区」がふさわしいかもしれない。さらにこの区が北区となったのはおかしい。地図を見れば誰もが首を傾げてしまうが、とにかく東区の東隣に北区があるという奇妙な配置なのである。いずれにせよ新潟市の行政区名は、地名に「民主主義」を安易に導入するとロクなことにはならない見本として語り継がれるだろう。

●東西南北中が多い新政令指定都市

ここで紹介したさいたま市、新潟市以外で2000年以降に誕生した行政区を挙げれば次の通りである（指定市になった順）。

静岡市（3区）　葵《あおい》区・駿河《するが》区・清水《しみず》区

堺市（7区）　堺区・北区・西区・中区・東区・美原《みはら》区・南区

浜松市（7区）　中区・東区・西区・南区・北区・浜北《はまきた》区・天竜《てんりゅう》区

岡山市（4区）　北区・中区・東区・南区

相模原市（3区）　緑区・中央区・南区

熊本市（5区）　中央区・東区・西区・南区・北区

静岡市を除けば東西南北と中・中央が多くを占めている印象だ。区名をめぐっての各地区の調整はさいたま市、新潟市で見たように混乱することが多く、あくまで「民主主義」で選定する仕組みなのであれば、無難な区名としてそれらが選ばれるのは当然の帰結に思える。

興味深いのは堺市で、江戸以前からの旧市街が属するエリアを堺区とし（川崎《かわさき》市川崎区と同様）、「中区」を中心市街の意味合いでなく「地理的な中心」を示すものとして位置づれぞれ例外なく都心部であった。既存の中区は明治期に始まった名古屋市中区をはじめ、それぞれ例外なく都心部であった。堺市とその後に中区を設けた岡山市は従来の常識をひっくり返して「まん中」にこれを置いている。なお堺市の中で東西南北から外れた美原区は、後から編入した美原町域をそのまま区名としたもので、人口は他区の半分以下と少ない。

浜松市は旧浜松市に加えて浜北市と天竜市、それに引佐《いなさ》・浜名《はまな》・磐田《いわた》・周智《しゅうち》の4郡にまたがる計9町村が合併して誕生した広域都市で、日本の市町村では岐阜県高山《たかやま》市に次いで2番目、政令指定都市の中では最大の面積を擁している。約1558平方キロは指定市では最も狭い川崎市（143平方キロ）の約11倍に及ぶ。浜松市には7区が設けられたが、このうち面積の6割を占める天竜区（約944平方キロ）の人口は2万8397人（令和元年8月1日）と市のわずか3・4パーセントに過ぎず、典型的な過疎の山村が大半である。同市の天竜区・浜北区はいずれも天竜市、浜北市の旧市名を継承したもので、その他は中と東西南北で決まった。

他の市も東西南北は目立つが、たとえば岡山市域となって久しい旧西大寺《さいだいじ》市や上道《じょうどう》郡、熊本市域となった飽田《あきた》郡、託麻《たくま》郡などの古代からの郡名などが活《い》かせなかったのは惜しい。相模原市の緑区は区役所こそ橋本《はしもと》地区（旧高座《こうざ》郡）にあるが、その大半は旧津久井《つくい》郡域なので、他の４市にすでに採用されている月並みな「緑区」より津久井区がふさわしかったように思う。いずれにせよ、現在の区名を決める仕組みでは歴史的地名は残せない。例外的な横浜市都筑《つづき》区（旧都筑郡域の一部）もあるが。

外国の自治体名

●どんどん減っている日本の市町村数

日本の市町村数は減り続けている。明治22（１８８９）年に市制・町村制が実施された時点では１万５８５９市町村（39市・１万５８２０町村）が存在したが、戦後の「昭和の大合併」が終了した昭和31（１９５６）年には３９６８市町村（４９９市・１９０８町・１５６１村）とかなり減少、さらに「平成の大合併」も終わって10年以上が経過した平成31（２０１９）年２月15日現在では１７１８市町村（７９２市・７４３町・１８３村・北方領土を除く）とさらに少なくなった。この時の総人口約１億２６２５万人を自治体数（市町村数に東京の23区分を足した１７４１）で割れば１市町村あたり７万２５００余人という数字が出てくる。これでもまだ自治体は多いと思うだろうか。

市制・町村制が始まって100年以上を経て、姿を消した自治体の総数は膨大なものになるが、合併するたびに新自治体名をどうするかが「合併協議会」などの場で大変な苦労をもって話し合われ、おそらくかなりの割合の住民が釈然としない思いを抱えたまま、新市名の陰で妥協を余儀なくされている。

合併の回数だけ苦しい調整が何度も開かれたことになるが、それほどまでして合併―改称は必要なのだろうか。歴史的地名が次々と姿を消しつつある日本にあって、これはかなり深刻な問題である。今後もたとえば横浜市と川崎市が合併して「かながわ市」になり、茅《ち》ケ《が》崎《さき》市や平塚《ひらつか》市などが集まって「湘南《しようなん》市」に変じていくわが故郷・神奈川県などは想像したくもないが、そろそろ市町村名を変えなくても済む世の中が訪れてもよさそうなものである。もちろん本書は自治体のあり方を議論するものでもなく、筆者にそれだけの力量はないのでひとまずおくとして、参考までに外国の事例を見ていくことにしよう。

●ヨーロッパの自治体はどうなっているか

まずは基礎自治体（市町村）の規模はどうだろうか。もちろん国によって地方自治制度は異なるので、その実態が日本の「市町村」にそのまま該当するわけではないことは当然だが、ドイツ語版ウィキペディアの「Gemeinde（ゲマインデ＝自治体・市町村）」に示された国別の自治体数とその平均人口の表を見れば、国によって大差があるようだ。この表にはドイツ、フランス、ギリシャ、オランダ、オーストリア、スウェーデン、スイスの7か国のデータが掲げられている（データは２０１３〜２０１４年。ギリシャのみ２０１１年）。

まず自治体ひとつあたりの人口が最も少ないのはフランスだ。この国では市・町・村といった区別はなく、人口約２２１万人（２０１６年）を擁する最大のコミューンであるパリ（20の行政区）から人口数十人レベルの僻村まですべてコミューン commune で、その数は３万６６８１。コミューンひとつあたりの人口はわずか１７５０人で、日本と比べれば41分の１に過ぎない。

最初から余談で恐縮だが、オーヴェルニュ＝ローヌ＝アルプ地域圏には人口わずか１人のコミューンとして有名なロシュフルシャ Rochefourchat がある。ヴァランスの南東約45キロの山の中にあるこの「村」は面積12・74平方キロ、日本では明治末にあたる１９１１年には64人の人口を擁していたが75年には２人、99年に１人となった。ただし村外に住む議員９人による議会が今も機能し、１万８７０４ユーロの予算（２０１０年。約２３０万円）が村を維持している。コミューンは基本的に全部の事務を自ら行う日本の基礎自治体とは違い、仕事によっては地域圏 région《レジオン》、県 département《デパルトマン》、郡 arrondissement《アロンディスマン》、小郡 canton《カントン》などの「広域自治体」が担当する体制だ。

国別の自治体あたり平均人口に戻るが、スイスがフランスの倍にあたる３５７５人、オーストリアが３６１４人、ドイツが日本のちょうど10分の１に近い７２６３人といずれも少ない。その他は一挙に多くなるが、スウェーデンが3万3012人、ギリシャが３万３２７８人、オランダが３万７７６７人といった具合である。ここで示された最大のオランダでも日本の半分近く、つまり平成の大合併前のレベルなので、世界的に見ても日本の自治体は大型であり、合併がかなり進んだことは確かなようだ。

●ドイツの合併新自治体の名称

それでは、合併が行われた際にどのような名称が生まれたかを、ドイツを例に挙げてみよう。この国の新市名の特徴は、２つの自治体が合併する際にハイフンで旧名を結んだ「連称地名」とすることが多いことだ（ここではカタカナ表記で通例に従って「＝」で結ぶ）。

その中で最も有名なのはバイエルン・アルプスの保養地で知られるガルミッシュ＝パルテンキルヒェン市 Garmisch-Partenkirchen（１９３５年合併）だろうか。モーゼルワインの本場のベルンカステル＝クース市 Bernkastel-Kues の合併は1905年と古く、ベルンカステルのみ市 Stadt であったが、クース町と対等の印象である。同じラインラント＝プファルツ州（州名も連称）ではイーダー＝オーバーシュタイン市 Idar-Oberstein（1933年合併）も連称であるが、ここはイーダー市、オーバーシュタイン市の他にアルゲンロット Algenrodt、ティーフェンシュタイン Tiefenstein の2町も加わった4市町合併ながら、新市名としては2市のみが取り上げられた形だ。

ルール工業地帯の中心地のひとつ、ノルトライン＝ヴェストファーレン州（これも連称）のヴッパータール Wuppertal 市は明治期に開通した懸垂式モノレールの走る町として知られているが、大規模市であるエルバーフェルト Elberfeld 市とバルメン Barmen 市が1929年に合併して誕生したバルメン＝エルバーフェルト市が最初の市名である。この時に小規模な市であるロンスドルフ Ronsdorf、クローネンベルク Cronenberg、フォーヴィンケル Vohwinkel（モノレールの終点）の3市も加わったが、市名からは除外された。それが翌30年には住民投票により現在のヴッパータールに改められている。

ヴッパータールは「ヴッパー川の谷・流域」を意味しているが、このタールを用いる方法は他にも少なくない。同じ流域を共有する自治体としては自然に納得しやすいのだろう。

ドイツの合併新市名(抜粋)

州	都市名	カタカナ表記	意味・形態	合併年	合併した旧市町村
BW	Albstadt	アルプシュタット	アルプ川の町	1975	Ebingen*, Onstmettingen, Pfeffingen, Tailfingen*
BW	Ballrechten-Dottingen	バルレヒテン=ドッティンゲン	連称	1971	Ballrechten, Dottingen
BY	Garmisch-Partenkirchen	ガルミッシュ=パルテンキルヒェン	連称	1935	Garmisch, Partenkirchen
HE	Ahnatal	アーナタール	アーナ川の谷・流域	1972	Heckershausen, Weimar (著名なワイマールとは別)
HE	Fuldatal	フルダタール	フルダ川の谷・流域	1970	Ihringshausen, Knickhagen, Rothwesten, Simmershausen, Wahnhausen, Wilhelmshausen
NW	Marienmünster	マリーエンミュンスター	マリア聖堂	1970	Altenbergen, Born, Bredenborn*, Bremerberg, Eilversen, Großenbreden, Hohehaus, Kleinenbreden, Kollerbeck, Löwendorf, Münsterbrock, Papenhöfen, Vörden*
NW	Nettetal	ネッテタール	ネッテ川の谷・流域	1970	Breyell, Hinsbeck, Kaldenkirchen*, Leuth, Lobberich*
NW	Porta-Westfalica	ポルタ=ウェストファリカ	ウェストファリアの門(地形)	1973	Costedt, Eisbergen, Hausberge an der Porta*, Holtrup, Holzhausen an der Porta, Kleinenbremen, Lerbeck, Lohfeld, Möllbergen, Nammen, Veltheim,Vennebeck, Wülpke; Barkhausen an derPorta (一部), Neesen (一部)

州	都市名	カタカナ表記	意味・形態	合併年	合併した旧市町村
NW	Wuppertal	ヴッパータール	ヴッパー川の谷・流域	1929	Barmen*, Elberfeld*, Ronsdorf*, Cronenberg*, Vohwinkel*
RP	Bernkastel-Kues	ベルンカステル＝クース	連称	1905	Bernkastel*, Kues
RP	Idar-Oberstein	イーダー＝オーバーシュタイン	連称	1933	Algenrodt, Idar*, Oberstein*, Tiefenstein
RP	Traben-Trarbach	トラーベン＝トラーバッハ	連称	1904	Traben, Trarbach*
SH	Sylt	ズュルト	島名	2009	Westerland*, Sylt-Ost, Rantum

州名略称　BW:バーデン＝ヴュルテンベルク州 BY:バイエルン州 HE:ヘッセン州
NW:ノルトライン＝ヴェストファーレン州 RP:ラインラント＝プファルツ州 SH:シュレスヴィヒ＝ホルシュタイン州
「*」は合併前の旧市

同じ州でもエクスタータール Extertal（12町合併・1969年）、カレタール Kalletal（15町合併・同年）、ネッテタール Nettetal（2市3町合併・1970年）、シュヴァルムタール Schwalmtal（2町合併・同年）など数多い。

　川だけでなく、山地の名称を用いた新市名もある。旧東ドイツ地域のザクセン＝アンハルト州にあるズュートハルツ市 Südharz はハルツ山地の南を意味する（従来南ハルツ郡がある）。またドイツ中央部ヘッセン州のハービヒツヴァルト市 Habichtswald はデルンベルク Dörnberg、エーレン Ehlen の2町合併で誕生したもので、一帯の山地であるハービヒト山地

Habichtswald の名を採用した。郡名に由来するものには同州のシュヴァルムシュタット市 Schwalmstadt があるが、これは1970年にトライザ市、ツィーゲンハイン市その他の合併で誕生した。シュヴァルム＝エーダー郡 Schwalm-Eder-Kreis にちなむ。

変わり種としては北東ドイツのメクレンブルク＝フォアポンメルン Mecklenburg-Vorpommern 州（これも連称）のフェルトベルガー＝ゼーンラントシャフト市 Feldberger-Seenlandschaft。合併は1999年と新しく、先頭に掲げたフェルトベルク市の他にコーノウ、ドルゲン、リヒテンベルク、リュッテンハーゲンの各町によるものである。メクレンブルク・ゼーンプラッテ郡 Landkreis Mecklenburgische Seenplatte に位置するが、ゼーンプラッテとは「湖水平野」といった意味合いで、これをゼーンラントシャフト（湖水地方）という名前にしたのは、ある意味で「イマ風」なのかもしれない。

もうひとつ珍しいのはポルタ＝ヴェストファリカ市 Porta Westfalica。15の市町が1973年に合併したもので、ドイツ広しといえどラテン語表記の市はここだけである。ウェストファリア（ヴェストファーレン）といえばその名の条約で知られているが、ポルタは門を意味し、本来はヴェーザー川が山地から平野に出る地点が「ウェストファリアの門」を意味するラテン語の自然地名で呼ばれてきたことにちなむ。合併した町の中に「アン・

デア・ポルタ an der Porta（門の際を意味する）」の名を持つものが3つあることも考慮されたのだろう。

以上ドイツの合併新市名をざっと一覧したが、日本で見られるような奇をてらったもの、「民主主義」の濫用をうかがわせるもの、奇異な印象を受けるものは見当たらない。

●合成地名が多い中国・韓国

漢字文化圏という意味では「本家」にあたる中国ではどうだろうか。鉄道路線の名称には京広《けいこう》線（北京《ペキン》～広州《こうしゅう》）、京哈《けいは》線（北京～哈爾浜《ハルビン》）、瀋丹《しんたん》線（瀋陽《しんよう》～丹東）など、日本での上《じょう》越《えつ》線（上野《こうづけ》国・越後国）、日豊《にっぽう》本線（日向《ひゅうが》国・豊前《ぶぜん》国）、埼京線（埼玉県・東京都）などと同じ発想の路線名が目立つが、行政地名でも1字ずつ採った合成地名は意外に多い印象だ。

私が中学生の頃には遼東《りょうとう》半島先端にある都市に「リュイター（旅大）」と大きく記されていて、その当時の大人たちが口にする「大連《だいれん》」の地名を地図帳で確認することができなかった覚えがある。中華人民共和国が発足した年である１９４９年に大連市・大連県・旅《りょ》順《じゅん》市・金県を包括する「旅大行署区」が誕生、翌50年に直轄市として旅大市となった。言うまでもなく旅順と大連から1字ずつ採って合成したもので、これが81年に大連市と改称されるまで続いた。現在の大連市は面積1万2574平方キロ（新潟県とほぼ同じ面積）に約699万人（2018年）の人口を擁している。ちなみに大連市の旧市域は中山区、西崗区、沙河口区、甘井子区が該当し、旅順は旅順口区だ。

中国では省の名称も合成のものがあり、たとえば清《しん》朝時代の1667年に設置された江《こう》蘇《そ》省は江寧《こうねい》府と蘇州《そしゅう》府の合成で、福建《ふっけん》省は福《ふく》州と建州、西安《せいあん》の西に位置する甘粛《かんしゅく》省は甘州と粛州のそれぞれ合成だ。市のレベルで著名なものとしては湖《こ》北《ほく》省の長江《ちょうこう》中流に位置する武《ぶ》漢《かん》市。こちらは1949年に武昌《ぶしょう》市・漢口《かんこう》市・漢陽《かんよう》県が合併してできた（1927〜29年に一旦《いったん》合併して武漢特別市を名乗る）。

同じ中国文化圏である朝鮮半島でも、李氏朝鮮時代の行政区画である朝鮮八道のうちソウル（都城）のある京畿道《キョンギド》を除く7道は忠清道《チュンチョンド》が忠州と清州、慶尚道《キョンサンド》が慶州と尚州、全羅《チョルラ》道《ド》が全州と羅州、江原道《カンウォンド》が江陵《カンヌン》と原州《ウォンジュ》、平安道《ピョンアンド》が平壌《ピョンヤン》と安州《アンジュ》、黄海道《ファンヘド》が黄州と海州、咸鏡《ハムギョ》道《ンド》が咸興《ハムフン》と鏡城《キョンソン》をそれぞれ合わせたものである。1896年（日本では明治29年）にそれぞれ南北に分割され、たとえば全羅道は全羅北《プク》道・全羅南《ナム》道などとして現在に至っている。李氏朝鮮期に存在しなかった北朝鮮の慈江道《チャガンド》は平安北道の一部を1949年に分割したものだが、こちらも慈城《チャソン》郡と江界《カンゲ》市を合成する従来の方式を踏襲した命名であった。ついでながら、同じく戦後の両江道《リャンガンド》（北朝鮮・１９５４年成立）は鴨緑江《アムノッカン》と豆満江《トマンガン》の両河川の源流域にあたることに由来する。

合併新村名を濫造させた3度の合併

●近代国家にふさわしい基礎自治体の創設

明治維新から20年ほどが経過し、近代国家として必須となる「地籍」の確定作業—地租改正も不十分ながらなんとか終えて一段落した。次に求められたのは地方自治制度の確立である。当時ざっと7万を超えていた江戸時代以来の「村」は名主や庄屋といった江戸期の代表者に代わって戸長がとりまとめていたが、各村の規模は平均すれば数百人に過ぎず、近代国家における「基礎自治体」の役割を担わせるためには不十分であった。このためには町村をある程度以上の人口規模にする必要がある。それまでに府県の複雑な廃置分合に始まり、府県下では「大区小区制」や「郡区町村編制」などが行われて行政区画は目まぐるしく変化したが、ここで詳細は述べない。

明治政府は来日中だったドイツの公法学者アルベルト・モッセ（元ベルリン市裁判所判

事）の意見を徴し、ドイツで行われている地方自治制度を範として日本のそれを立ち上げることになった。明治21（１８８８）年に作られた根拠法である市制・町村制である。当初は「ドイツ・プロイセン流」をなぞったため日本の実状に合わない面もあり、後に大幅に手直しされている。同年6月13日に山縣有朋《やまがたありとも》内務大臣は町村制の意義について次のように訓令第３５２号を発した。

町村制ヲ施行スルニ付テハ、町村ハ各独立シテ従前ノ区域ヲ存スルヲ原則トナスト雖《いえど》モ、其独立自治ノ目的ヲ達スルニハ、各町村ニ於テ相当ノ資力ヲ有スルコト又肝要ナリ。故ニ町村ノ区域狭小若クハ戸口僅少《きんしょう》ニシテ、独立自治ニ耐ユルノ資力ナキモノハ、之《これ》ヲ合併シテ有力ノ町村タラシメサルヘカラス。（後略）

あくまで「合併ありき」というわけではない。単独で地方自治を実現できる規模の町村であればそのままでも問題ないが、目安として３００戸から５００戸を標準とすると数字を挙げている。人口でいえば当時1世帯あたりを５人と仮定すれば１５００人から２５００人だろうか。明治22（１８８９）年の総人口約４０００万人をその人口で割れば２万市町村ということだ。実際に市制・町村制が実施された同22年12月末では39市1万5820町村だから、当たらずといえども遠からずの数字になったことになる。実施前の同21年12月末の段階での37区（後の市に該当）7万1314町村に比べれば、町村数は4・5分の1に減少した勘定だ。

これら合併した後の町村を既存の「藩政村」と区別して「行政村」と呼ぶことがあるが、この時期の合併に際して前出の訓令では、領域が広過ぎて町村内の交通が著しく不便にならないことに注意すべきだとし、また将来にわたっての利害得失にも配慮を求めた。

さらに新自治体の名称を決める際には、大町村と小町村が合併する時には大町村の名とするべきだが、規模に大差のない町村が合併する場合は各町村の旧名称を「参互折衷スル等適宜斟酌《しんしゃく》シ勉メテ民情ニ背」かないよう釘《くぎ》を刺している。それだけ同規模町村の合併での新名称には当時から苦労したことがうかがえる。

●「合成地名」など新地名が激増

こうして大量に発生した新村名は、当然ながら苦労の跡がにじみ出るネーミングが目立った。ここで「村名」としたのは1万5820町村のうち9割以上が村であり、希少な存在であった町と村が合併する場合はほとんど町名をそのまま存続させたため、新たな名称はもっぱら村名だったからである。新村名はその発想法においていくつかのタイプが見られるが、それぞれに分けて見ていこう。

①村数——合併する村の数を名乗る

まさに文字通りで、7つの村が合併して誕生した七会村《ななかい》（茨城県城里町《しろさとまち》。以下カッコ内は現市町村名）、同じく七生村《ななお》（東京都日野市《ひの》）、6つの村が合併した六会村《むつあい》（神奈川県藤沢市《ふじさわ》）、六ヶ所村《ろっかしょ》（青森県六ヶ所村）など枚挙にいとまなく、他には13の村の合併を十三里「とみさと」として、字を富里とつけ替えた富里村（千葉県富里市）、11村合併の十一を縦書きにして「土」と読ませた土合村《つちあい》（さいたま市桜区）などが全国各地に誕生した。手の込んだものでは小田井村《おたい》・前田原村《まえたばら》・児玉村《こだま》（旧児玉新田）・池田新田《いけだ》の合併であることから、明治の「御代」に4つの「田」のつく村で御代田村《みよた》（長野県御代田町）というものも明治8（1875）年に誕生している。

②合成——合併各村の文字を合成

頭文字や最後の字を並べてつなぐタイプで、谷津《やつ》・久々田《くぐた》・鷺沼《さぎぬま》の3村を合わせて津田沼《つだぬま》村（千葉県習志野《ならしの》市）、渡田《わたりだ》・大島《おおしま》・下《しも》新田・小田《おだ》・中島《なかじま》の各村と田辺《たなべ》新田を合わせて田《た》島《じま》村（川崎市川崎区）とするなどの例は典型だ。単純につなぐのではなく、比井野《ひいの》村と薄《うす》井《い》村の「井」のつく村が2つで二ツ井《ふたつい》村（秋田県能代《のしろ》市）という事例もある。明治7（1874）年には筑摩《ちくま》県時代の安曇《あずみ》郡で上鳥羽《かみとば》村・下鳥羽村・吉野《よしの》村・本《ほん》村・成相町《なりあいまち》村・成相新田町村が合併したが、その際に鳥羽（と）、吉野（よ）、新田（し）、成相（な）の頭文字の読みをつなげて豊科村（長野県安曇野市）として、更科《さらしな》や埴科《はにしな》、明科《あかしな》といったシナのつく地名の多い信州《しんしゅう》らしい地名を創出した高等テクニックには舌を巻く。

なお「合成地名」については、地租改正や学校設立等に伴う山間部などの小規模村で明治8（1875）年前後に先行して行われた合併（豊科村も同様）の際にも多く見られ、それが明治22（1889）年の町村制で「本格化」したというのが正確なところだろう。

③瑞祥――縁起を担いだ命名

めでたい名前を採用したケースも多い。たとえば千葉県浦安《うらやす》村（浦安市）は3村合併の際に「漁浦安かれ」と命名したものだし、京王線の千歳烏山《ちとせからすやま》駅や小田急線の千歳船橋《ちとせふなばし》駅にその名残をとどめる北多摩郡千歳村（東京都世田谷区）は多数決で「嘉名《かめい》」を採用したものである。

明治24（1891）年に成立した神奈川県高座郡大和《やまと》村（大和市）は、その2年前に下《しも》鶴間《つるま》・深見《ふかみ》・上草柳《かみそうやぎ》・下草柳の4村（および飛地）の合併で下鶴間と深見の各1字を合成して鶴見《つるみ》村としたが、字が取り上げられなかった他2村の不満に地租問題がからんで紛糾、「大きく和する」大和村に変更しておさまったという。瑞祥地名には瑞穂《みずほ》、敷島《しきしま》、東雲《しののめ》など古くからの雅称も各地で採用され、また「明治の御代」を反映して明治村と名乗るものも全国に20か所以上誕生している。

④広域――古くからの郡名、広域自然地名を採用

合併する各村はたいてい同じ郡などの広域地名で包括されることが多く、それらを採用することで合意を得やすかった。郡名を採用した例では埼玉県の埼玉《さきたま》村（埼玉県行田市）がある。埼玉村・渡柳《わたりやなぎ》村・利田《かがた》村・野《の》村の4村が合併したもので、県名とも一致したので、埼玉県北埼玉郡埼玉村となった。神奈川県橘樹《たちばな》郡では橘《たちばな》村（川崎市高津《たかつ》区）が誕生した。千年《ちとせ》・新作《しんさく》・子母口《しぼくち》・末長《すえなが》・久末《ひさすえ》・明津《あくつ》・蟹ケ谷《かにがや》の7村合併によるものだ。広大な武《む》

蔵野《さしの》台地の名を借りたものもあり、神奈川県北多摩郡吉祥寺《きちじょうじ》村・境《さかい》村・関前《せきまえ》村・西窪《にしくぼ》村と井口《いぐち》新田飛地が合併したのが武蔵野村（東京都武蔵野市）。もちろん武蔵野台地はおそらく村域の約75倍に及ぶ広さであるが、要するに「早い者勝ち」である。他には江戸期の領名を採用した南多摩郡小宮《こみや》村（東京都八王子《はちおうじ》市。旧小宮領の７村が合併）などがあり、神奈川県西多摩郡三田《みた》村（同青梅市）も旧三田領にちなむ。

⑤山河——自然地名を採用

これも広域地名と同様に住民からは自然に支持されるため多く採用されたようだ。たとえば新潟県中頸城《なかくびき》郡の妙高《みょうこう》村（妙高市）。毛祝坂《けわいざか》新田・田口《たぐち》新田・田切《たぎり》村・二俣《ふたまた》村・一本木《いっぽんぎ》新田が合併したものだが、妙高高原町《こうげんまち》などを経ながら現在も妙高市と山名を名乗っている。また鶴見川にちなんだ鶴川《つるかわ》村（東京都町田《まちだ》市）、相模《さがみ》川を漢語調で呼んだ湘江《しょうこう》の南に位置するとして湘南村（相模原市緑区）、箱根《はこね》のカルデラの南側なので函南《かんなみ》村（静岡県函南町）などの例がある。明治の合併ではないが、昭和４（１９２９）年に加島《かじま》村が改称した富士町《ふじちょう》（静岡県富士市。旧富士郡でもある）、平成の大合併で誕生した山梨県の富士河口湖《かわぐちこ》町なども典型だろう。

⑥名産——各地の産物を採用

前項の鶴川村に接していた柿生《かきお》村は、上麻生《かみあさお》・下麻生・早野《はやの》・王禅寺《おうぜんじ》など計10村の合併で、名産の「禅寺丸《ぜんじまる》柿」にちなんで命名された。小田急の柿生駅は上麻生にある。養蚕が戦前の主要産業だった日本には桑にちなむ新名称も目立ち、明治7（１８７４）年に誕生した長野県大桑《おおくわ》村（現存）は須原《すはら》村・長野村・殿《との》村・野尻《のじり》村の4村合併で「将来有望視される養蚕業の振興を願って命名」され、群馬県吾妻《あがつま》郡の応桑《おうくわ》村（長野原町《ながのはらまち》）も養蚕の発展を祈る命名である。東京都日野市の一部になった桑田《くわだ》村もその類《たぐい》だ。藍《あい》の産地であった徳島県の吉野《よしの》川下流に沿う地域には藍園《あいぞの》村（藍住町《あいずみちょう》）が6村合併で誕生した。現在の藍住町は後の昭和30（１９５５）年に住吉《すみよし》村と合併した際の合成地名である。

⑦神社仏閣・観光地等

出雲《いずも》大社は現在出雲市内であるが、平成17（２００５）年までは大社町《たいしゃまち》だった。これは杵築《きづき》町と杵築村が大正14（１９２５）年に出雲大社の所在地にちなんで合併したものである。大阪府北河内《きたかわち》郡四條畷《しじょうなわて》村（四條畷市）は昭和7（１９３２）年に甲可《こうか》村（古代〜中世の郷名）を改称したもので、四條畷神社にちなむものだが、南北朝の四條畷合戦の知名度も影響したようだ。四条畷駅は隣の大東市《だいとう》。名勝の名を採用したものには埼玉県の長瀞町《ながとろまち》がある。昭和47（１９７２）年に野上町《のがみまち》を改称したものだが、著名な観光地の魅力には抗しがたい。同28年に豊郷村《とよさと》を改称したのは長野県の野沢温泉村《のざわおんせん》。ここは全国でも唯一「温泉」つきの自治体名である。湖も人気があって、相模湖町《さがみこまち》（神奈川県相模原市緑区）、田沢《たざわ》湖町《こまち》（秋田県仙北市《せんぼく》）などがいずれも戦後に誕生した。

⑧その他――道路・朝貢物・面積……

道路の名を語る自治体もあって、川崎市中原区《なかはら》は中原街道（中原往還）にちなむ。中原は行き先の地名で平塚市内にあるが、その道が通ることから明治22（１８８９）年に中原村となり、それが現在の区名に引き継がれている。また和歌山県中辺路町《なかへちちょう》はその街道が通る山間の町であったが、現在は田辺市《たなべ》内だ。他にも東京都調布市《ちょうふ》は、多摩川が古代にその水辺で布をさらして調（税の一種）として納めた故事から江戸期には「枕詞《まくらことば》化」されており、それが好まれて調布村・町が流域に３か所も誕生した（現存は調布市のみ）。また熊本県には村の面積が「合併反別を合計すれば九百町余にして千町に近き町村なり。故に村名となす」（撰名事由書）と千丁《せんちょう》村（八代市《やつしろ》）が誕生し、平成17（2005）年まで存在した。

このように明治の合併はもちろん、昭和、平成に至るまで合併のたびに全国各地で住民や関係者たちは悩んできた。郡名や広域地名、山河の名で歴史的地名を毀損《きそん》することなしに新町村名が命名できたところは幸いであったが、まったく新たに「創作」せざるを得ない場面も無数にあり、それらが現在の「市町村名の風景」を形成している。

合併の波は何度も全国を襲っているが（沖縄県では「昭和の大合併」は米軍占領下だったため及んでいない）、そのたびに合成が繰り返され、合成地名の合成地名になれば、もはや原形をとどめず、地名事典を調べなければわからなくなっている事例は少なくない。観光開発に力を入れた時期には名所旧跡に擬せられ、人気投票的に冗談のような「作品」が作られることもあった。これを繰り返せば、たとえば100年後の将来、どのような地図ができあがっているのか見当もつかない。本当にそれでいいのか。

復活する地名

●住居表示区域で初の旧町名復活――金沢市

思えば20年も前のことになるが、平成11（1999）年10月1日、金沢《かなざわ》市にひとつの町名が29年ぶりに復活した。浅野《あさの》川左岸、大橋の下流側に位置する主計町《かずえまち》である。江戸時代から金沢城下町に続いてきた町で、藩士の富田主計《とだかずえ》の屋敷に由来するとされる。いわゆる「お茶屋街」で知られる主計町は町並み保存も行われ、今では有力な観光地として訪れる人が増えている。この旧町名復活は全国的に注目されたが、その理由は「住居表示法による住居表示」の実施区域として初めての事例であったからだ。

昭和37（1962）年に施行された住居表示法の背景には、戦後の都市――特にその周辺部における急速な市街化による地番混乱の激化がある。地租改正の際に振られた地番を住所の表示に代用してきた日本の住所システムの「構造的な欠陥」とも言えるが、高度成長期にさしかかった都市の特に周縁部ではその弊害が顕在化し、深刻さの度を加えていった。配達すべきナマモノが遅れて傷み、住民の救急搬送への支障に至っては生命の危険さえ伴うのだから、その是正が急務であったのは理解できる。しかしその町名の「統廃合」という名の行政による「破壊活動」はあまりに過激で、地名は形のないものなので流血の騒ぎというわけではないが、まるで明治期の廃仏毀釈を真面目に実施しようとするあまり、仏像や堂宇を遠慮会釈なく破壊していったのと同様であった。

　早期に住居表示を実施したところほど町名の「廃棄」は大胆で、たとえば昭和39（1964）年に実施した山梨県甲府《こうふ》市では、旧市街のまん中を大々的に中央《ちゅうおう》（一丁目〜五丁目）に統合した。この時に消滅した町を挙げれば春日町《かすがちょう》、山田町《ようだまち》、八日町《ようかまち》、富士川町《ふじかわまち》、横近習町《よこきんじゅまち》、魚町《うおまち》、境町《さかいまち》、竪近習町《たつきんじゅまち》、柳町《やなぎまち》、穴山町《あなやまちょう》、三日町《みつかまち》、上連雀町《かみれんじゃくまち》、桶屋町《おけやまち》、鍛冶町《かじまち》の全域と、錦町《にしきちょう》、桜町《さくらちょう》、常盤町《ときわちょう》、相生町《あいおいちょう》、橘町《たちばなちょう》、愛宕町《あたごまち》、工町《たくみまち》、下連雀町《しもれんじゃくまち》の各一部に及んだ。14町が消え、一部が消えた8町についても、丸の内、城東《じょうとう》という中央の両隣に新たに設けた町名に呑《の》まれ、残ったのは相生町（現在は相生）と愛宕町のみである。

　新たな広域町名として全国的にもてはやされたのがこの「中央」で、他には「本町」「丸の内」などが続々と誕生した。名古屋市の旧市街での町名の廃棄もおそるべき徹底ぶりを示したものであったが、中区の丸の内に至っては外堀の外側（丸の外！）に設けられるという「反則」さえお構いなしである。東京にあやかったつもりか「大手町」も人気で、北海道函館《はこだて》市など城下町由来でない都市にも堂々と設定された。

さすがに度の過ぎた歴史的地名の破壊に対しては批判の声も上がるようになり、保存の気運は少しずつ高まっていく。遅まきながら住居表示法の一部が改正され、「できるだけ従来の名称に準拠して定めなければならない」という一節が加えられたものの、時すでに遅し。多くの都市でおそらく何千という歴史的な地名が今なお失われたままとなっている。

そんな状況下での金沢市主計町の復活も、実現にあたっては地元住民の総意とともに、旧町名復活を重要政策と位置づけた山出保《やまでたもつ》市長（当時）による行政の支えが大きかった。

主計町復活の５年後の平成16（２００４）年には「金沢市旧町名復活の推進に関する条例（旧町名推進条例）」を施行、復活は加速していく。条例施行前にすでに飛梅町《とびうめちょう》、下石引町《しもいしびきまち》、木倉町《きぐらまち》、柿木畠《かきのきばたけ》の各町も復活を遂げていたが、その後は同16年中に六枚町《ろくまいまち》、翌17年には並木町《なみきまち》、同19年に袋町《ふくろまち》、同20年に南町《みなみちょう》、同21年に下新町《しもしんちょう》と上堤町《かみつつみちょう》、同30年には臨海部の金石《かないわ》地区で金石通町《とおりまち》、金石下本町《しもほんまち》、金石味噌《みそ》屋町《やちょう》が復活している。

●各地で少しずつ復活

これが追い風になり、旧町名復活運動が地域住民により各地で行われるようになっていった。しかし地名は形のあるものではないため「実利」に乏しく、住所変更の負担を住民に強いることにもなるため現実はなかなか厳しく、コミュニティの希薄化もあって住民の多くを賛成に導き、実現に漕《こ》ぎ着けたところは少ない。それでも富山県高岡《たかおか》市では平成27（2015）年に平米町《ひらまいちょう》（昭和43年廃止）と袋町《ふくろちょう》（同42年廃止）の復活を実現している。いずれも約半世紀ぶりの復活であった。また長崎市銀屋町《ぎんやまち》と東古川町《ひがしふるかわまち》も昭和41（1966）年になくなったものが平成19（2007）年に41年ぶりに戻ってきた。

大分県豊後高田《ぶんごたかだ》市は小字を復活させる形で旧町名を復活させている。市役所のある是永町《これながまち》をはじめ、水取《みずとり》、本町《ほんまち》、鍛治屋町《かじやまち》（「治」の字はママ）、金谷町《かなやまち》、浜町《はままち》、新町《しんまち》、新地《しんち》、今町《いままち》の9つが復活したが、小字の復活なので地番そのものは変わっておらず、郵便などの対応もスムーズだったと思われる。こちらは平成10（1998）年に実施された東京都青梅市の中心市街地のケースと同様で、小字の名前と形状とをほぼなぞるように、地番を変えずに町とした（中町→仲町《なかちょう》、下町→本町《ほんちょう》、森下→森下町《もりしたちょう》、上裏宿・下裏宿→裏宿町《うらじゅくちょう》、大柳→大柳町《おおやなちょう》など）。

令和に入って初めて復活したのが金沢市の観音町《かんのんまち》である。江戸期から続く町名だが、住居表示の実施で昭和41（1966）年にその大半が「東山《ひがしやま》」という新町名に統合されていた。かろうじて残った観音町三丁目の一部はほとんどが森林であるため、事実上の町名消滅である。由来となった観音院は加賀《かが》藩3代藩主・前田利常《まえだとしつね》の正室珠姫《たまひめ》（徳川秀忠《ひでただ》の娘）が観音信仰篤《あつ》く、社殿を寄進したという由緒ある寺だが、その所在地は東山一丁目38番1号。これが改元当日の令和元（２０１９）年5月1日に観音町一丁目、二丁目、三丁目（旧領域）が東山から「分離独立」したことにより、観音町三丁目4番2号に変わっている。実に53年ぶりの復活であった。

●地名復活は本格化するか

廃止された地名を復活させることは、歴史的地名を保存する立場から見れば喜ばしいことに違いないが、実際にはなかなか大変だ。住民の日々の生活に直接関わる住所が変わるのだから当然である。さしあたって運転免許証などの証明書関係、知人への住所変更の通知、定期刊行物の送付先変更などが必要になってくるし、その場所で営業している会社や店などは取引先や顧客への周知や印刷物の変更も行わなければならない。各種手続については、市役所や法務局などがある程度「職権」で変更してくれる場合があるにしても、住民にとって一定の面倒は避けられない。「復活」と称しても、現行法上では新町名をつける「名称変更」と何ら変わらないからだ。

すでに住居表示の実施から半世紀以上経った地域が多く、旧町名で生活した記憶を持つのはほぼ60代以上であったりする。異なる世代が一緒に暮らす町では「歴史的意義がある」とはいえ、変更を望まない若い世代などをどのように説得するかは大きな課題だ。特に現在の地名に多くの住民が肯定的である場合、たとえば東京都中央区のブランド地名である「銀座」を、旧町名――たとえば木挽町や尾張町に戻すとなった際に、「地価の下落」を心配する声も当然ながら出てくるに違いない。また復活させるといっても、そもそもいつの時代（戦前、明治、あるいは江戸時代）に戻すかで町名もエリアも変わってくる。

旧町名復活と一口に言っても、都市や地域によって事情はそれぞれ異なるはずだ。地名復活を求める運動の有効な手段も千差万別だろう。金沢市主計町のように住人の大半が同業者であれば話はまとまりやすいだろうが、住民の職業も年齢構成もたいていはバラバラであることが多い。町内会（自治会）の組織率や行政、市議会などの「やる気」も大いに関連するだろう。

昨今の旧町名復活の動きを見ていると、祭りなどを通じて町内の結束力が強いところほど復活に成功している印象だ。これは当たり前のことで、誰か１人が「復活させるべき」

と正論を叫んでも、多くの住民が盛り上げていかなければ実現は不可能だ。地名を戻すことによって住民に面倒は生じても「実利」はないのだから。

●地名から「瀕死の町」の蘇生へ

全体から見ればごくわずかではあるが、旧町名復活の動きは少しずつ力を得ているように見える。これは特に地方都市での旧市街衰退が深刻の度を加えていることへの危機感が背景にあるのではないだろうか。多くの地方都市の商店街が「シャッター街」と化してすでに久しく、もはやアーケードなどの維持さえままならない。例外的な電車通勤圏である首都圏や関西圏などの住人は実感を持っていないかもしれないが、衰退は驚くべき勢いである。

もちろんこれは日本の都市政策が、実質的には「旧市街の衰退」を目指して進められてきたからだ。言い換えれば「自動車が最も行動しやすい都市」に向けて突き進んだからに他ならない。バイパスを幾重にも建設し、県庁所在地レベルの都市なら環状道路まで整備して、中心市街へ人が入らない工夫をせっせと続けてきた。一方で土地利用についても、農地の宅地化や大規模店舗への転用を規制緩和で容易にし、鉄道やバス路線の廃止要件も緩和し、場合によっては市役所や公共施設の多くを率先して郊外へ移し、自動車への依存度の高い社会を作ってきたのである。これで旧市街が衰退しないはずはない。

それでも、日常的にバイパス沿いの大ショッピングモールで買い物を済ませる市民の中で「旧市街など不要」とまで考える人は少数派だろう。頭のどこかでは、昔懐かしい店がいつまでも残っていてほしいと願っている。人間は必ずしも経済原理だけで動かないことも確かで、たとえば空き店舗で新しいことを始める若者の話などを昨今よく聞くようになった。どの地方都市でも大資本による画一的な商業が主役をつとめることに、飽きや違和感を覚える人は少しずつ増えているように思える。

町をどうにかしたいと考える人たちにとって、衰退した旧市街がどこまで行っても中央○丁目といった「のっぺらぼう」では個性を発揮できないと考えるのは当然だ。旧町名復活の動きは、せめて町がまだ元気だった頃の町名を復活させることを端緒に、それぞれの町の復興が果たせないだろうか、という模索なのかもしれない。旧町名で暮らした60代以上の人はいつの間にか先が短くなってきている。まだ記憶が鮮明なうちに、かつて盛り上がっていた頃の町名を取り戻さなければ、という切迫感も高まっていることだろう。

先祖から受け継がれてきた「良い町」があるとすれば、それは「良い町」のままで子孫へと引き継ぐ。その大切さが最近になってようやく認識されてきたように思う。むしろ若い世代の間には「新しく便利に変わることが善」という価値観を必ずしも是としない考え方が広まってきている印象だ。ひたすらＧＤＰを押し上げる経済成長だけが良いこと、とするある種「宗教的」な思いだけでは、どうにもならない現実も徐々に見えてきている。

　思えば「地名の上」で、これまで無数の先祖たちが喜怒哀楽を過ごしてきた。その舞台であるはずの地名を未来につなげることを軽視したのが、住居表示法をはじめとする地名軽視政策だった。それでも人間が誤って行った政策なのだから、人間の手で変えることはできる。英国の地名学者マーガレット・ジェリングさんが著書のタイトルに採用した『Signposts to the Past（過去への道標）』という思いを共有することができれば、先祖たちの過ごした歴史はまっすぐにわれわれに迫ってくる。しかし「いつ・どこで・誰が」の「どこ」を軽んじるのであれば、あとはひたすら「刹那《せつな》的な消費者」として日々を送り、泡沫《うたかた》のように消えていくまでだろう。

　その土地の過去のあらゆる事物の蓄積である「風景」を大切にするのと同じように、地名を大事にするのが常識、という日は来るだろうか。幸いにしてＡＩ時代がもう訪れつつある。昔の町名や番地を書いてもピンポイントで地点を特定するなど朝飯前で、すでに小学生が「魑《ち》魅《み》魍《もう》魎《りょう》」といった漢字を簡単に表示できる今、アナログ時代の「わかりやすさ」など必ずしも必要ないのだ。難しくて読めない漢字の地名が各地で澎湃と復活してくる日を楽しみに待ちたい。

今尾恵介（いまお・けいすけ）
1959年横浜市生まれ。地図研究家。明治大学文学部ドイツ文学専攻中退。（一財）日本地図センター客員研究員、日本地図学会「地図と地名」専門部会主査を務める。『地図マニア 空想の旅』（第2回斎藤茂太賞受賞）、『今尾恵介責任編集 地図と鉄道』（第43回交通図書賞受賞）、『日本200年地図』（監修、第13回日本地図学会学会賞作品・出版賞受賞）など地図や地形、鉄道に関する著作多数。

地《ち》名《めい》崩《ほう》壊《かい》

今《いま》尾《お》恵介《けいすけ》

2019年11月10日　初版発行

発行者　郡司 聡
発　行　株式会社KADOKAWA
〒102-8177　東京都千代田区富士見2-13-3
電話　0570-002-301（ナビダイヤル）

装 丁 者　緒方修一（ラーフイン・ワークショップ）
ロゴデザイン　good design company
オビデザイン　Zapp!　白金正之
印 刷 所　株式会社暁印刷
製 本 所　株式会社ビルディング・ブックセンター

角川新書

ISBN978-4-04-082300-3 C0225

伝説となった日本兵捕虜
ソ連四大劇場を建てた男たち

嶌 信彦

敗戦後、ウズベキスタンに抑留された工兵たちがいた。彼らに課されたのは「ソ連を代表する劇場を建てること」。その仕事はソ連四大劇場の一つと称賛されたオペラハウス、ナボイ劇場に結実した。シルクロードに刻まれた日本人伝説！

親子ゼニ問答

森永卓郎
森永康平

「老後2000万円不足」が話題となる中、金融教育の必要性を訴える声が高まっている。が、日本人はいまだにお金との正しい付き合い方を知らない。W経済アナリストの森永親子が生きるためのお金の知恵を伝授する。

済ませておきたい死後の手続き
認知症時代の安心相続術

岡 信太郎

40年ぶりに改正された相続法。その解説に加え、「相続の基本知識・手続き」「認知症対策」についてもプロの視点からアドバイス。終活ブームの最前線で活躍する司法書士が、面倒な「死後の手続き」をスッキリ解説します。

売り渡される食の安全

山田正彦

私たちの生活や健康の礎である食の安心・安全が脅かされている。日本の農業政策を見続けてきた著者が、種子法廃止の裏側にある政府、巨大企業の思惑を暴く。さらに、政権のやり方に黙っていられない、と立ち上がった地方のうねりも紹介する。

ビッグデータベースボール

トラヴィス・ソーチック
桑田 健 訳

弱小球団を変革したのは「数学」だった——データから選手の隠れた価値を導き出し、またデータを視覚的に提示し現場で活用することで、21年ぶりのプレーオフ進出を成し遂げたピッツバーグ・パイレーツ奇跡の実話。

KADOKAWAの新書 好評既刊

恥ずかしい英語
長尾和夫
アンディ・バーガー

I don't understand. と I'm not following.、同じ「わかりません」でも好感が持てるのは後者。使ってしまいがちな誤解を招きやすい表現と、ビジネスパーソンにふさわしい知的で好感度が高いフレーズ192を比較しながら会話例とともに紹介！

なぜイヤな記憶は消えないのか
榎本博明

なぜ同じような境遇でも前向きな人もいれば、辛く苦しい日々を過ごす人がいるのか。出来事ではなく認知がストレス反応を生んでいる。そう、私たちが生きているのは「事実の世界」ではなく「意味の世界」なのだ。

同調圧力
望月衣塑子
前川喜平
マーティン・ファクラー

自由なはずの現代社会で、発言がはばかられるのはなぜなのか。重苦しい空気から軽やかに飛び出した著者たち。社会や組織、友人関係など、さまざまなところを覆う同調圧力から自由になれるヒントが見つかる。

なぜ日本の当たり前に世界は熱狂するのか
茂木健一郎

こんまり現象、アニメから高校野球まで、止まるところを知らない日本ブーム。「村化する世界」で時代後れだと思われていた日本人の感性が求められている、と著者はいう。「礼賛」でも「自虐」でもない、等身大の新たな日本論。

生物学ものしり帖
池田清彦

生命、生物、進化、遺伝、病気、昆虫――構造主義生物学の視点で研究の最前線を見渡してきた著者が、暮らしの身近な話題から人類全体の壮大なテーマまでを闊達に語る。肩ひじ張らない読めばちょっと「ものしり」になれるオモシロ講義。